青函連絡船をめぐる
僕たちのたたかい

奥村茂樹

寿郎社

青函連絡船をめぐる
僕たちのたたかい

イラスト　奥村茂樹
装幀　ハナカユイ

はじめに

一九八五年（昭和六〇年）一月末、三五歳のときだった。

僕は勤務している札幌支店で「二月一日より函館支店勤務を命ずる」という辞令を受けた。この会社に就職して八年、千葉・東京・札幌を経てようやく念願であった故郷「函館」での生活が始まることになった。そして廃止間近の青函連絡船をめぐる市民運動にかかわることになった。

これから僕のかかわった〈青函連絡船の存続〉と〈青函連絡船の係留保存〉の市民運動について書いてゆく。僕が直接見聞きしているのは主に一九八五〜八八年の三年ほどの出来事だ。僕のような国鉄にも函館の文化運動にも直接的に関係のない一市民が、それも故郷を離れて何十年も経っているような人間が体験したわずかな期間の出来事を中心に、「青函連絡船の廃止」という函館にとって歴史的な出来事を書くのだから、その荷は重い。それに僕自身の考え方やプライベートな生活も書くことになる。六五歳になった今、そんなことを書くのは照れくさい。

でも、この〈青函連絡船の存続と係留保存運動〉については、今こそ書いておかなければいけない、とも思う。なぜなら、一九八八年（昭和六三年）三月、青函トンネルの開通と同時に〈港町函館〉の象徴ともいえる青函連絡船が廃止され、それにともない函館は衰退していったのだが、今、北海道新幹線が函館市を通らずに開通し、またしても函館が置き去りにされかねない状況だからだ。いや、仮に函館に観光客が増えたとしても喜んでばかりはいられない。年配者なら青函トンネルの開通時もそうだったことを思い出してほしい。やがてそれは大きな人口流出に結びついたのだ。グローバル社会が急速に進む中で、国が、地方都市が、ほんとうに守らなければならないものはいったい何なのか。北海道新幹線の開通を手放しで喜んでいる方々にそのことをあらためて考えてもらいたいと思う。

もう一つある。二〇一三年（平成二五年）の函館本線の貨物列車脱線事故や二〇一五年の青函トンネル列車火災事故など、昨今頻繁に重大事故を起こすＪＲ北海道のことだ。安全性を軽視したＪＲ北海道の経営合理化は、前身である国鉄の、青函連絡船の廃止に象徴される経営合理化から始まっていることを思い出してほしいのだ。本書を読んでいただければ、三〇年近く前に指摘されていた経営合理化に走る国鉄の問題点が、そっくりそのままＪＲ北海道に引き継がれていることがわかる。

函館は〈海〉と〈港〉と〈船〉があってはじめて成り立つ街だと僕は思っている。〈青函連絡船の存続〉はかなわなかったけれど、〈係留保存運動〉ではなんとか摩周丸をかつての函館港に係留することができた。しかしそこに至るまでにはいくつもの試練があったことを特に若い人たちに知ってほしい。函館では他に今、〈大間原発反対運動〉が行なわれている。対岸の青森県下北半島の大間町に原発ができて稼働すれば、津軽海峡の豊かな海はだめになる。それがわかっていても大間原発に反対する市民運動の旗色はけっしてよくはない。

函館はむかしから市民運動が盛んな街だと言われる。それにはいろいろな理由があると思うが、僕は「面白い市民がたくさんいたこと」がいちばんの理由だと思う。「お上」に唯唯諾諾と従うことを良しとしない人たちのことだ。しかし今はどうだろうか。原発や憲法の問題も含めてお上に「ノー」と言うような函館市民が、いや日本国民が極めて少なくなっていると感じられる。みんな元気がない。「しかたがない」という雰囲気にのみこまれているようだ。

市民運動はある時期盛り上がり、勝っても負けても(成功しても失敗しても)、その時期が過ぎればしぼんでゆく。それは仕方がないことだ。しかし、勝敗がついてからでも「ノー」を言い続けるのが市民運動の正しいあり方だと僕は思っている。そうしたエネルギーをいつまでも個々人が持ち続けることが大切なのだ。

これまで運動にかかわってきた人それぞれの想いがこの記録には詰まっている。それは〈青函連絡船を守る会〉代表・和泉雄三さんが言った「灯は消えず」の思想、と言っていいだろう。そうした想いがかたちを変えて次代に引き継がれていくことを信じて僕はこの本を書いた。少し読みづらいかもしれないけれど、いろいろな立場から書かれた当時のさまざまな文章を若い人たちが若い感性で(批判的見地からでも)読み取り、新たな運動に役立てていただけるとうれしい。

もくじ

はじめに……3
序章　偶然の出会い……12
第一章　なぜ国鉄は分割・民営化するのか……15
1　冬が来る前に……15
2　人間鉄道フォーラム……17
3　いちご白書をもう一度……18
4　存続運動への「羅針盤」……20
5　インタビューとメッセージ……26
6　何のために誰のために……30
7　国鉄改革の本当の狙い……32

第二章 〈連絡船を守る会〉との出会い……34
1 連絡船存続の声を上げる……34
2 〈連絡船を守る会〉の発足……38
3 まずは順調な船出……40
4 青森もいよいよスタート……44
5 船旅の情緒をなくすな……49
6 街頭署名で市民の声を……53
第三章 連絡船シンポジウムとフォーラム……55
1 シンポジウムの意味するもの……55
2 街頭署名運動を行なう……56
3 地質学から見た青函トンネル……57
4 青函両市議会が存続へ……63
5 連絡船問題と青函両市議会……66
6 連絡船の存続は函館市民の主張……69

第四章　連絡船フェスティバル……72
1　海峡にロマンを求めて……72
2　永六輔さんを迎えて……75
3　晴天に恵まれ大成功……80
4　「まつり」で存続を訴える……82
5　走らせよう連絡船……86
第五章　連絡船ＬＯＶＥ＆ラブ……90
1　ＬＯＶＥコール＆ラブコンサート……90
2　連絡船に対する市の動き……93
3　連絡船に対する国の考え……94
4　全道行動キャンペーン……97
5　東京行動キャンペーン……100
第六章　歌の生まれる街……108

1 市民の手でレコードを……108
2 連絡船の歌が生まれる……113
3 いろいろな連絡船の歌……117

第七章　街づくりと連絡船存続……121

1 連絡船で市民交流……121
2 連絡船で学校祭……124
3 函館市も「期成会」結成表明……125
4 新体制で連絡船存続運動……128
5 トンネル本坑貫通と連絡船……130

第八章　さよなら連絡船……135

1 連絡船を守る市民集会……135
2 連絡船が港から消えた……139
3 連絡船に感謝をこめて……140

第九章　連絡船を買おう市民の会……146
1　存続への新たなる闘い……146
2　一人一トン運動を始める……150
3　買い取り運動に対する各地からの手紙……154
4　函館にとって連絡船とは何か……162

終章　灯は消えず……168
1　連絡船を愛する心を集めて……168
2　連絡船存続運動それぞれの思い……169
3　国鉄労働組合の終焉……185
4　三人との出会いに感謝をこめて……186

おわりに……198

青函連絡船をめぐる僕たちのたたかい

序章　偶然の出会い

僕は一九五〇年(昭和二五年)に北海道函館市で生まれた。中学校卒業と同時に上京し、二カ月ほど東京の会社に勤めたが、すぐに仕事をやめて、自転車での日本一周の旅に出た。しかし結果的にその旅は、東京―横浜―名古屋―京都―大阪までで終了し、僕は再び函館に帰ることになった。その間、さまざまな人に迷惑をかけた。この時の経験は僕にとって大きな糧となっている。まだ一五、六歳の世間知らずの田舎者であった僕の、大人に近づくための「原点」とでもいうべき旅だったような気がする。中学を卒業して上京した時も、日本一周の夢が破れて函館に戻った時も、僕は青函連絡船に乗っていた。

全国に青函連絡船の思い出を持つ人は数多くいると思うが、特に函館に生まれ育った人にとっては生活に密着した船でもあり、その思い出は尽きないと思う。

僕が初めて連絡船に乗ったのは小学校五年生の時、叔父の葬儀に母の実家である青森県三戸町《さんのへ》に行った時のことだった。前年に父が四九歳で他界し、母は半身不随の身体でその八年ほど前にようやく自分で歩くことができるようになっていた。しかし心配なので実家の葬儀に僕もついていくことになったのだ。

幼い頃からその霧笛を聞き、身近に見ていた青函連絡船だったが、じっさいに乗船してみるとそのあまりの大きさに驚いた。おそるおそるデッキに出て函館山と雄大な津軽海峡を望んだことが忘れられない。

そして一七歳の時、ふたたび上京を企て青函連絡船に乗った。いま思えば恥ずかしい話だが、当時は東京で仕事につくために一七歳を二〇歳と偽って採用された。上京するまでは、資金稼ぎのために函館港で港湾労働者として働いた。そんな生活の中で専門学校の女学生と親しくなった。そして失恋した。青森に向かう最終便の連絡船から当時読んでいたハイネやバイロンやゲーテの詩集を真っ暗な海の大きくうねる波にむかって投げ棄てた。青函連絡船から僕は故郷函館と僕の淡い恋に別れを告げ、横浜・東京での生活に入っていった。


いちばんはじめに書いたように、三五歳になって僕は札幌から函館へ転勤した。が、忙しい仕事は変わらず、引っ越しと同時に息子の小学校入学と娘の幼稚園入園などが重なっててんやわんやの騒ぎだった。そんな慌しい転勤地での生活を隣町である七飯《ななえ》町に住んでいた兄夫婦に助けてもらい、何とか七飯町に落ちつくことができた。ところがそれも束の間で、借りていた家のことで問題が起こり、結果的に以前買っていた七飯町の土地に家を建てることになってしまった。転勤族が家を建てるのは大変だ。「この家に何年住めるのか?」と思いながらの大きな決断だった。

そんなふうにして函館に転勤してきてから一半年が過ぎた一九八六年（昭和六一年）九月のことだった。函館駅前の商店街で「しげき！」とだれかに呼ばれた。僕をそのように呼ぶのは、三人の兄たちのほかは横内輝美という人だけだ。数年ぶりに再会した横内氏は、「ちょうどいいところに帰ってきた。ちょっと頼みがあるんだ」と言った。この「ちょっと」がそれから始まる青函連絡船をめぐる僕の市民運動の始まりだった。

第一章　なぜ国鉄は分割・民営化するのか

1　冬が来る前に

函館駅前商店街で僕に声をかけてきた横内輝美氏から頼まれたのは、一一月一六日に開催する「走れ青函連絡船！　ふるさとの足を守ろう市民集会」のチラシとチケットのデザインだった。僕が昼間の仕事とは別にデザインしたりイラストを描いたりしているのを横内氏は知っていたのだ。

デザインの「仕事」を引き受けた僕は、まずは本屋に行った。そして国鉄関係の書籍を二冊購入した。国鉄改革の中身を詳しく知っておこうと思ったのだ。また、デザインするにあたってのヒントも探していた。ところがそれらの本を読んでいると、僕の知らなかったことだらけですっかりデザインのことは忘れて読みふけってしまった。たとえば国鉄職員の家庭環境。多くの国鉄マンが早朝に出勤し夜間に帰宅する。日曜祭日も休めず、学校や町内行事への参加もできない。まるで母子家庭である。危険と隣り合わせの勤務内容が、本人だけではなく、家族にまでのしかかっていた。

もちろん民間企業の社員だって厳しい家庭環境があることに変わりはない。しかし国鉄職員の特殊な交代勤務が、大人だけではなく子どもの生活環境にも大きな影響を及ぼしていると本では指摘していた。また、「親方日の丸」という悪意ある国鉄のイメージをマスコミは流していることも書かれていた。そうしたことを僕はデザインのヒントを探すために買って読んだ本で知った。

一九八六年（昭和六一年）一〇月三〇日、「走れ青函連絡船！　ふるさとの足を守ろう市民集会」の会議に出席するために僕はスケッチブックを抱えて函館市中島町の教育会館へ出かけた。

その日が異常に寒かったことを今でも鮮明に覚えている。函館の一〇～一一月には、本格的な冬が来る前なのに特に寒さが厳しい日がある。そんな日にも、これから迎える本格的な長い冬の日にも、路線の安全のために仕事をしている国鉄労働者がいるのだなと僕は思った。

会議の場所である、教育会館二階の部屋の戸を開けた。

ガランとした部屋のストーブの前に人がいた。僕を見たその人は「はじめまして」と言った。僕が近づくといきなり握手を求めてきて「守る会の笠間です、それにしても今日は寒いなー、ストーブにあたりなさい」と言った。

ロシア風の帽子をかぶり髭をたくわえていた笠間昭三氏との初めての出会いである。

僕はガランとした部屋に机やイスを並べながら、今日この場に出席した目的を伝えた。黒板には〈仮称「走れ青函連絡船！　ふるさとの足を守ろう市民集会」実行委員会〉と書かれていた。

その日の参加人数は二〇人ほどだったと思う。その中に後章で触れる桶本建郎氏もいたが、その時は話すことはなかった。その日の会議の議題は市民集会の進め方だった。集会の会場は函館市大谷高校の体育館で、内容は一一時から〈シンポジウム「国鉄改革の意味するもの」〉、一三時から民謡や凧あげや餅つき、国鉄分割民営化の矛盾を歌にした《俺たちのシルクロード》のお披露目などだった。実行委員会代表は北海道教育大学函館分校の奥平忠志氏である。

会議が進むにつれて国鉄職員の家族会メンバーから、生活不安の声が多く出された。この頃、マスコミでは盛んに「国鉄分割・民営化」問題が報道されていたが、その中身については十分な説明がなかった。それなのに政府はどんどん事を進めて行こうとしていた。そのような国鉄分割・民営化問題に真正面から異議を訴えて作家の井上ひさし氏らが新聞紙上に異例の広告を載せて話題にもなっていた。国鉄職員の家族が不安になるのも無理はなかった。正直、当時の僕は「またしても国のお粗末な政策か」と思うだけで、直接自分の問題として考えてはいなかった。しかしこの日の会議に出席して僕も、「採算の厳しい北海道の国鉄はこの先どうなってしまうのだろう、国鉄改革の本当の意味についてもっと学ばなければ」と思うようになった。

2 人間鉄道フォーラム

その頃、僕は新聞で、作家の井上ひさし氏や版画家の池田満寿夫さんら一〇人の文化人が「人間鉄道フォーラム（国鉄分割・民営化にもの申す文化人の集い）」というものを東京で開き、「分割・民営化して利益ばかりを追求せず、国鉄は国民の足に徹するべき」などと分割・民営方針を批判しているという記事を読んだ。

そのフォーラムには芸能評論家の加東康一さんやバイオリニストの佐藤陽子さん、歌手のみなみらんぼうさんらも発起人に加わっていた。フォーラムの中で池田満寿夫さんは「道すじを開くことを、レールを敷く、というように国鉄の線路を敷くのは大事なことだ。敷かれた時の喜びや苦労を思い出してほしい」「国民の役に立つ国鉄なら、赤字になってもいい、運賃をもっと安くすると人気も出る」と訴え、妻の佐藤陽子さんも「国鉄にお金を貸すのはいいけれど、利子をとらないで」と言ったらしい。まったくそのとおりだと僕は思った。

3　いちご白書をもう一度

〈青函連絡船を守る会〉による市民集会「走れ青函連絡船！ふるさとの足を守ろう市民集会」が開催された一一月の日曜日は、朝から曇り空だった。それがやがて雪に変わり、雪交じりの冷たい風が肌を突き刺すようなとても寒い日だった。

当時の僕の仕事に日曜祝日はあまり関係がなかった。たまたまその日曜日が僕の休みと重なっていたので僕も大谷高校の体育館を借りて行なわれた集会に参加できたのだ。

駐車場となった大谷高校のグランドはぬかるんでいて、多くの車が止まっていた。本当に人は集まっているのかと心配しながら会場の体育館に入った。

会場には子どももふくめて思った以上の人がいた。新聞によればこの時の参加者は約三〇〇名。国鉄職員の家族が屋台を出していて、まるで学園祭のようだった。この問題に家族ぐるみで立ち向かっていることがよくわかった。

高校の体育館でシンポジウムが始まった。参加者はみな体育館の床に直接座った。〈青函連絡船を守る会〉会長の笠間昭三氏と横内ふさ子さんが司会を務め、奥平忠志さんが「国鉄の分割・民営化は、赤字線を切り捨て道央だけが残ることにならないか。連絡船、ローカル線を残すため、地方から声を起こし全国的に盛り上げよう」「国鉄改革で松前線・瀬棚線が切り捨てられるなど不幸な状況がもたらされる。分割・民営化は私たちの生活にどのような深刻な影響をもたらすか考えてみよう」とあいさつし、「国鉄改革の意味するもの」をテーマにしたシンポジウムが始まった。パネラーは奥平さんのほか山崎英二弁護士、国労青函地本OBの大西敏さん、道南勤医協理事長の畑中恒人さん。畑中さんが国鉄改革の矛盾点を指摘した。会場の参加者からは「国鉄改革関連法案が成立してもまだ市民の意見を反映させることはできると聞けてよかった」「儲けられない路線を切り捨て、国鉄用地の払い下げでは国民になんら利益をもたらさない」「政府に怒りを感じる」などの意見が出た。

パネラーの真剣な討論によって熱気が会場内に満ちていた。そんな中で突然僕にもマイクが渡され、急遽僕が参加者にインタビューをすることになった。どの参加者もみな真剣に討論を聞き、しっかりと自分の意見を持っていた。インタビューする僕にも国鉄分割・民営化問題の大きさと深刻さがビシビシと伝わってきた。シンポジウム会場の様子はまるで以前に観た《いちご白書》という映画のワンシーンのように思えた。シンポジウムの最後には「道民の足の切り捨てと人権無視の国鉄分割・民営化に抗議する」との集会アピールが採択された。

僕はこの時の集会から〈青函連絡船存続運動〉に参加していくことになるのだが、一般市民が「国鉄分割・民営化」や「連絡船存続」をどれほど身近な問題として感じていたかは、その時はよくはわからなかった。いや僕自身、政府が発表する「赤字の国鉄を黒字にする」「余剰人員を有効に配置する」などの発表がどのような意味なのかすらよくわかっていなかった。でもこの日からまちがいなく僕の「寒い冬」の「熱い闘い」が始まったのだった。

三〇〇人が集まったこの市民集会では、シンポジウムが終わった後、函館のフォークグループ「ムックリ」による連絡船存続の歌である《心なごむ連絡船》や、国鉄職員と市民たちが合唱する《俺たちのシルクロード》が披露され、その後チャーターしたバス二台で「国鉄改革反対」を訴え、函館駅まで市内を巡った。

4　存続運動への「羅針盤」

〈青函連絡船を守る会〉は、会の発足と同時に機関誌を発行した。誌名は『Ｔｈｅらしん』。「らしん」とは船の方向器である「羅針盤」と、一八八四年（嘉永七年）にアメリカのペリーが来函した際にペリーと松前藩の橋渡しをした中国人通訳「羅森《らしん》」にちなんだものだ。

『Ｔｈｅらしん』の発行第一回目は「準備号」として一九八二年（昭和五七年）の一月一七日に出された。印刷部数は約五〇〇部。準備会で経済・労働・文化関係の団体や関係者などへ配布し、発会式への参加を働きかけた。以後、一九八七（昭和六二年）八月二九日発行の「二一号特別号」まで出された。

その一九八六年の号（「走れ青函連絡船！ふるさとの足を守ろう市民会集会」のあとに出された号）の記事を見てみよう。そこに〈青函連絡船を守る会〉に参加した人たちの国鉄の分割・民営化に反対する意見が載っている。

■大西敏（国鉄解体反対道南行動連絡会代表）

私は一九一七年生まれで戦前、戦中、戦後を体験している。国鉄労働運動は社会情勢の動きと期を一にし、時代を反映している。

日本の民主化というのは多くの戦死者、罹災者の犠牲の上に立って与えられたもので、諸外国と比べてその出発から特徴的で、社会に認知され勢力を持つに至ったのは戦後であったと言ってもよい。

また、本格的な労働運動や民主主義の推進の建前とは別に、時の権力者に利用されるのを体験してきた。二・一ストの終焉を見たし、朝鮮戦争を機とする昭和二四年の国鉄の一〇万人の首切り、これは共産党と同調者を閉め出そうとするのが主な目的であったというのが今になって分かってきた。

当時においては権力者と我々との図式は国民一般には理解されなかった。今日の民主化という問題について先頭に立って闘ってきたのは労働団体であった。

日本の民主化が占領軍によって与えられ、封建的な習慣のなかで政治への参加が断たれており、それが必然的な趨勢であった。日本における民主化の中核としての任務付けがこれからもあろうと思う。私もこのような年齢であるが頑張っていきたい。

■奥平忠志(国鉄を考える学者の会呼びかけ人、大学教授)

分割民営化は、本州三会社にはそれ程多くの影響はないが、山陰、北陸、東北の日本海側では北海道と同じように大きな影響があると思われる。九州、四国、北海道はひどいダメージを受けることになる。過疎地の過疎化を一層深刻なものにするという研究もされている。北海道は人口密度が低く、土地利用の仕方が本州とは全く違い、経済効率からいうと採算ベースにのせるのが非常に難しいのは今も昔も変わらない。国の発表のように、六%の値上げで黒字になるというのは全く考えられない。

北海道は食料の増産や石炭などの資源の確保のために鉄道を奥地まで引いていき、これが絶対的に必要であった。鉄道を利用して開拓に入れという国の指導があって、開拓民や労働者が入植していき、それが今日の発展になった。今になって赤字を理由にこれを切り捨てるというのは、屋根に登らせておいて掛けた梯子を外すようなものだ。

本質的な公共交通はどういう役割を持つのであろうか。あるいは国民の交通の確保はどういうものなのかという基本理念に基づいて問題を考えるのであるが、今の国の考えは極めて前近代的で、非人間的で経済合理性だけを追求するという観点に立って問題を考えている。

既にいくつかのローカル線を廃止している。鉄道でも一四社が第三セクター方式に切り替えられているが、黒字は二社だけで、残りは赤字で維持できるかどうかが分からない。バスに転換した路線でも運賃が平均四〇%も上がっている。(中略)

連絡船がなくなり、分割民営化が進められると、地域経済状況が悪化し、その結果、軍港化するという危険性を考えておかなければならない。少なくとも爆弾はいりません。そうさせないためにも連絡船を存続し、分割民営化を阻止するのが函館にとって重要であると考えております。

■畑中恒人(医師、道南勤労者医療協会理事長)

市内で医療に携わっており、国鉄の問題は北海道の一〇〇年を超す開拓の歴史から始まって今日までを振り返る中で考えなければならない。道民が国鉄を隅から隅まで伸ばすために、努力されたのだと思います。暮らしの中でそう国鉄を生かすことを考えてきたのだと思います。

今、炭鉱だとか新日鉄だとか北海道で持ちこたえてきた企業産業が無くなり、縮小されてしまう状況にある。機を同じくしてそこに大きな問題があるのではないかと思います。国鉄労働者が頑張っているとき、私たちは支えていかなければならないと思います。

道南は北海道一の医療過疎地であり、函館は七、八割くらいが集中しており、函館に来なければならない病気も多い。その中で松前や江差、瀬棚などからの患者さんたちは足を奪われるのは困るのです。汽車というのはバスに比べてそのような人にはとても安全で便利な乗り物です。バスは止まってしまう怖れがある。道南の場合地方線が廃止されると、車で行かなければならなくなる。そういう場合に思いをはせなければならないと思います。また、「人活センター」などという人間らしくないところで働かされる。その中で自殺者が七〇人も出ているということは絶対に許されないことだと思います。

■山崎英二（国鉄を考える学者弁護士の会呼びかけ人、弁護士）

私は仕事の関係で月に一回か二回東京へ出張します。普段は時間の関係で飛行機を利用することが多いのですが、今年の七月に久しぶりに連絡船と寝台車に乗って行きました。

この時期ですから船も汽車もそんなに混んでいないだろうということで行ったのですが、意に反して非常に船も汽車も混んでおりました。その原因の一つは東京の女子高生の修学旅行の一団と一緒であったからと、もう一つの理由は、その日、広域移動の日で道内から千葉へ移って行く国鉄職員とその家族の方たちと一緒でした。

船が桟橋を離れるとき、家族の方たちは皆が目を腫らしていました。船も汽車も私の席の隣がその国鉄職員と家族の方々ばかりでした。二〇代の若い人、四〇代五〇代の家族連れの人、沢山おりました。その方々の話がどうしても耳に入ってくるわけですけど、一様に新しい職場と全く見知らぬ土地での新しい生活に対する不安を皆抱いているのが分かりました。

まだ小学校に上がったばかりの子供が、母親に冬休みに函館に帰れるの？　と言った言葉が非常に印象的に残っています。広域移動で函館を離れ、東京周辺に行かれる方々の気持ちを察すると非常に胸が痛む思いでした。（中略）

最後に、非常に驚いたことだけど当局は分割に関して、「革新地方自治体が目指したのは、保守の中央選挙に対する地方の独立であり地方の分権だ」それが鉄道に対しては「全国一本」に固執するのはおかしいではないか、とこんなことを言っている。

これにはもう反論する気持ちもなくなりました。一体その地方分権というのは何なのか？　当局は分かっていっているのでしょうか。あくまでも分割の実質が地域住民のサービスを忘れ、そして連絡船を廃止しローカル線のレールを外す、そういう地域分権というのは「地位住民があくまで地方政治の主人公である」それが地方分権の原理である訳です。全く、当局で言っていることは、かけ離れていることです。

分割民営法案が参議院で指示され、おそらく通るでしょう。しかし、法案が通ったら全部決まってしまったと誤解されます。法案には中身が何も織り込まれていません。中身は運輸大臣等に全部白紙委任されています。したがってこれからの運動というのは、決して無駄じゃない、問題は中身をどうするかということで十分意味があると思います。

5　インタビューとメッセージ

同じ号に掲載されている僕の行なったインタビューと当日寄せられたメッセージも挙げておこう。

■インタビュー（奥村）

○鉄道マニアです。瀬棚線や松前線とかをなんとか残せないかと思っています。

○北海道のローカル線を守って行くべきだと考えています。そのためには、何としても地域住民が一丸となって闘っていかなければならないと思います。

○労働者の一人ですが、法案が通ってしまい終わりかなと思っていました。これから中身が考えられていくということなので、何とかなるのかなーと思います。
司会　誰のための分割民営だと思いますか？
○モウケない産業の切り捨てが今の政府のやり方で怒りを感じます。鉄道用地の払い下げにしても国民の利益になるやり方でない。地域的に見ても道央圏に良いかも知れないが、地方の人たちには不利益になる。日本の中でも地域的に儲けるところとそうでないころの差があるし、決して国民のためのものではないと思いました。
司会　市民の側から何をしようとしていますか？
○法案の内容が全部決まったわけではないので、これからも広く運動を続けていくのがよいのではないかと思います。
司会　国民は実態を良く知らされていると思いますか？
○人活もかなりひどいらしい。聞いたところによると、机の配置なども色々とおこなわれていてひどいと思います。函館だけでなくもっと北海道中に広げた運動が必要だ。市役所などでも連絡船への取り組みをもっとやるべきだ。
司会　国鉄解体に意義のあり市民行動隊の方ですか？
○函館出身の森影と言います。「こんなことを許しておけない」という怒りで何とかしようと思いました。運動が盛り上がったきっかけは障害者の野田さんという仲間が、障害者にとって国鉄の線路を外されると増々外に出ることが出来なくなる。「ローカル線廃止は障害者を外に出さなくするためにするのか？」と話していた。

ローカル線がなくなり北海道に核廃棄施設が出来たら嫌だな、と思い幌延に行脚したのをきっかけに組織に頼らない色々な人たちでハンストを行ないました。最初の三日間で、八〇〇人の署名やカンパ九万円程が集まり、市民の中から多くの支援を頂きました。

これに続けて「人活センターを考える市民の集い」を開催し「日本鉄道員物語」という映画を道内各地で上映して回りたいと思っています。

法案が通ったからといっても、これからも頑張れるという思いで、函館の皆さんと連帯して頑張って行きたいと思います。国鉄の現象面だけ捉えて、国会でも「どうしてそうなったのか」が捉えていない。新しい会社になっても上手く行かないのではないかと思う。

国鉄は赤字覚悟でやってきた事業だと思うが、何故ここへ来て赤字だから分割民営するのか？　分割民営すれば黒字になるのか？　車より遅い点が不服であればそうではない国鉄を作るのも一つの手ではないかと思います。

■メッセージ

○函館、日本の青函連絡船我々の財産国鉄を守れ（市内大川町、Ｆ・Ｈ）
○政府が作った赤字を国鉄労働者や国民に転化させるなんて。
○ともに頑張ろう！（市内松陰町、越智）
○連絡船を皆の団結で守ろう。絶対に負けないで頑張って下さい（市内高丘町、宮腰）
○国鉄労働者がんばれ。分割民営化反対、連絡船存続を勝ち取ろう（上磯町、Ｋ・Ｈ）

○来年の四月一日あきらめず最後まで後悔なく闘うぞ(上磯町、K・M)
○分割民営化反対運動を盛り上げよう(木古内町、K・S)
○分割民営化反対人活センターと共に頑張ろう(市内大川町、F・Y)
○連絡船は街のシンボル(市内港町、S・S)
○我々の足を断固守り抜こう。連絡船を絶対なくすな(木古内町、S)
○国民の足で国鉄を守り住みよい北海道を作れるよう共に頑張りましょう(木古内
○青函連絡船廃止反対(木古内、S・K)
○連絡船は街の支えです(市内港町、S・H)
○汽車と連絡船はふる里の味、なくなったら味気のない酒しか残らない(市内深堀町、T)
○末永く、無理せず体を大切にして頑張って下さい(H・K)
○最後まで苦い闘いをしいいる国鉄労働者の皆さん、頑張って下さい(市内東山、O)
○分割民営化に反対しましょう(市内港町、F・T)
○ローカル線廃止を守ろう(市内深堀町、T)
○国民の国鉄を皆で負けずに頑張って守ろう。国鉄分割化反対(市内桔梗町、F・T)
○頑張って下さい。国鉄の分割民営化反対。私たちの生活を守って(長万部、I)

『The らしん』によればこの時の集会の呼びかけ人は次のような人々だ。

■「走れ青函連絡船！ふるさとの足を守ろう市民集会」の呼びかけ人

代表呼びかけ人（アイウエオ順）

大西敏（国鉄解体反対・道南行動連絡会代表）、奥平忠志（国鉄を考える学者弁護士の会呼びかけ人・北海道教育大学函館分校教授）、畑中恒人（医師・道南勤労者医療協会理事長）、前田健三（国鉄を考える学者弁護士の会呼びかけ人・弁護士）、山崎英二（国鉄を考える学者弁護士の会呼びかけ人・弁護士）

賛同呼びかけ人

東家夢助（落語家）、石黒良治（函館トロイカ合唱団団長）、和泉雄三（国鉄を考える学者弁護士の会呼びかけ人・函館大学学長）、笠間昭三（日本フィル函館公演市民の会）、梶原康男（労音・函館鑑賞協会事務局）、佐藤修（北海道大学教授）、佐渡谷安津雄（函館ナショナルトラストを語る会）、田尻聡子（主婦）、梨木潤子（主婦）、広川正治（北海道教育大学名誉教授）、福島康（劇団創芸）、星野花枝（函館ＹＷＣＡ責任幹事）、横内輝美（フォークグループ・ムックリ主宰）、森越清彦（弁護士）、結城忠昭（瀬棚小学校教師・瀬棚沿線住民として）、小林吉男（連絡船を守る会）、二本柳五郎（美術講師・前町在住）

6 何のために誰のために

僕がインタビューした市民集会の参加者たちからは「何のために」「誰のために」という疑問と怒りの声ばかりが聞かれた。

「国鉄改革」が赤字を理由に行なうのならば、膨大な赤字を生み続けている「青函トンネル」の建設はどうするのだろうか。全国くまなく張り巡らせてきた鉄道路線には本当に意味はなかったのだろうか。戦後国策として国鉄が職員を受け入れた政策は間違いだったのだろうか。そしてなにより、この改革はいったい「誰のための」改革なのだろうか。考え出すと、僕にも多くの疑問が浮かぶ。そのような疑問だらけの「改革」は誰にとっても納得のできるものではない。特に国鉄労働者一人ひとりにとっては、将来設計そのものが根底から崩されてゆく改革なのだ。大反対して当然である。

いったい誰が悪いのだろうか。国鉄の幹部か。運輸大臣か。中曽根康弘総理大臣か。何ひとつ問題の核心部分が見えてこないまま、「改革」が〈善〉であり、「民営化」が〈善〉であり、無駄のない合理的な社会が〈善〉であり、より早くより強くが〈善〉である——。というイメージを政財界は意図的に作り上げている。それがあたかも時代の要請であるかのように振る舞う政府と経済界が手を結んで事を進めているようにしか当時の僕には見えなかった。ようするに「弱い者いじめ」である。

市民集会の参加者の中からは「函館は、青函連絡船でできた街でしょう!」という悲痛な叫びさえ聞こえてきた。マイクを向けると一人ひとりが「怒り」と「悲しみ」の表情で答えていた。そんなさまざまな思いを受け止めながら、僕は初めての集会を終えたのだった。

7 国鉄改革の本当の狙い

当時から言われていたことだが、「国鉄改革」の本当の狙いは、強大な国鉄労働組合の解体にあった。そもそも中曽根内閣は何を政治の目的としていたか。やがてそれは明らかになっていくのだが、かいつまんで言えば次のようなことだ。

一つは経済界の要望を受けての労働組合の弱体化であった。そのためにまず日本屈指の強大な労組である国労を解体しなければならない。国鉄の長期赤字の解消を「国鉄改革」と位置づけ、「分割民営化」することで一気に組合解体へと踏み切ったのだ。

国鉄が赤字なのは経営の問題ではないのは、国際的な観点から各国の国有鉄道事情を見ても明らかだった。たとえばドイツやフランスにしても鉄道の赤字は当たり前で、年間の赤字を政府が補償している。だから借金や金利払いなど起こりようもないのである。それなのに中曽根政権は「赤字を垂れ流している国鉄」「働かない組合員」というイメージを広め「国鉄改革」「分割民営化」を進めた。

もう一つの狙いは、「リゾート計画」の実行だった。国が保有する、つまり国民の財産である土地や施設をリゾート法にもとづき次々と民間に払い下げていった。たとえば郵政省が所有していた「かんぽの宿」などの施設や土地が安い価格で大企業のものになっていった。国民の財産であったものがある日突然閉鎖され、民間企業のホテルやゴルフ場になっていったのである。国民の財産であり、地域住民の生活を支える公共交通機関である国鉄も、同じように民間に払い下げられようとしていた。かつての明治政府が税金で建てた官製工場などを財閥に払い下げ、政治家と大企業が大儲けした構図と同じである。

僕の好きな言葉に「馬鹿も休み休み言え」というのがあるが、まったくそう言いたかった。

第二章〈連絡船を守る会〉との出会い

1 連絡船存続の声を上げる

一九八六年(昭和六一年)一一月一六日の市民集会から僕が参加するようになった〈連絡船を守る会〉の正式名称は〈青函連絡船存続市民協議会〉である。ここからはその〈青函連絡船存続市民協議会〉=〈連絡船を守る会〉の発足と活動について、時間をさかのぼって機関誌『Theらしん』の記事から見ていくことにする。

■〈青函連絡船を守る会〉の発足に向けて

一九八一年(昭和五六年)一一月一四日、「函館港湾経済研究会の発表から」と題して「青函連絡船を守る会」設立以前の集会が開催された。

青函トンネル完成と同時に、青函連絡船が全廃となった場合函館はどうなるか——。函館市内の大学教授らで構成する函館港湾経済研究会は、五六年度研究発表会を一四日に豊川町の海員水産会館で開催した。

同会会長の和泉雄三函館大学教授は「経済面から」、奥平忠志道教大教授は「交通体系から」、大野和雄函館大教授は「都市形態から」、それぞれが考えられる影響を提言した。

■経済的な面から／和泉雄三

トンネル建設費は陸上部を含めて一兆円近くにもなる。それで国鉄の料金が高くなり、国鉄の赤字はますます膨らむだろう。地元は、連絡船の貨物は残っても客扱いが減少すれば、経済的には直接的な影響を受ける。船舶部門の減員で給料が減り街に落ちるお金も減る。間接的には連絡船桟橋がなくなることで現在の駅が縮小される。

観光業界がまず影響を受ける。詳細な数字はつかみにくいが、その影響は一〇〇〇億円にも上がることが予想される。函館ドックの現在の年間生産額の三つ分以上だ。函館経済の根幹を揺るがすほど経済的に重大な影響が出る覚悟をしなければならない。

連絡船存続に声を上げるにしても、これといって対応策がないから困る。一〇年前だったら可能性はあっただろう。函館が交通の要衝としての地位を存続させるためにも新駅ではなく現駅に列車を持ってくるべきだ。新幹線であっても渡島大野駅であってはならない。

現在の連絡船桟橋をフェリー用に転用しようとしても、駐車スペースの関係を考えれば使えない。一〇〇〇億円をカバーしようと思えば県庁みたいな大きな官庁でも持ってこなければならないが、不可能だ。連絡船廃止はそれほど深刻だということだ。

■交通体系から／奥平忠志

私は一〇年前から、新幹線はプラスよりもマイナスが大きいと主張してきた。しかし、国は人が乗ろうが乗るまいが国家的な威信をかけて通すだろう。政治家が歩くだけで鉄道路線が通った例もある。北海道の海の玄関口である函館にとって、客船の廃止は大き過ぎるダメージだ。

トンネル開通は時間短縮にはなるが、行動範囲が広まると客は分散し函館に降りる人は少なくなる。修学旅行も大幅に減り、観光客全体が減少するだろう。さらに通過駅という心理的な影響で、乗降客は加速度的に減少する。それでも、函館経済人は今のところそう思っていないようだ。

駅舎改装も難しくなり、市電、市バスの交通網も大きく影響を受ける。さらに新駅になった場合、市内の交通網や交通体系など根底からくつがえされる。

函館は陸海空三つのアプローチがあり、交通拠点の優位性は極めて大きい。それだけに、そのひとつが欠けても函館は極めて大きなダメージを受ける。

■都市形態から／大野和雄

函館は港街として発展し、文字通り交通の結節点であった。これまで様々な要因で、市勢が西部から東部あるいは北部へ移っている。

大火も相次いだ。戦後は核家族化が進み、町は扇型に展開し他都市に見られない特殊な形態になっている。都市形態を有効に活用するためにも、陸海空三つの要素を有効に機能させなければならないだろう。函館の都市機能からいっても連絡船を失ってはならない。トンネルが開通し新しい交通を考えても、連絡船なしでの函館では都市機能を果たせない。歴史的にも、旧桟橋から現駅への移転で西部地区が打撃を受けていることからもそれはわかる。現駅が陸海の基点であり、経済的にも精神的に都心としての機能も後退する。

自治省によると、函館は下関や釧路などと並んで、今後も重要な地域として発展する可能性があるという。その意味でも函館の都市機能を守ることは一地方の問題ではない。これまで函館が本州と北海道全体に大きな交通都市としての役割を果たしてきたことを見直してもらいたい。

■集会参加者の声

集会参加者は狭い会場は溢れるほどで、講演に対する反応も様々であった。

参加した市民の中には「実態を知らなかった」という声もあった。「このままでは青函局もなくなり、駅前再開発もむだになってしまうのでは」との声も上がった。参加者は一応に問題の大きさを感じていたようである。

市民グループの一人で北洋資料館建設問題の活動してきた参加者は「市民はテクノポリスに夢を追いかけるのはかまわないが、その間に函館が死んでしまう」と、行政の対応が遅れていると指摘した。

集会は質疑応答で予定の三時間をオーバーした。和泉教授は「いま一番必要なのは声を大にして世論に訴えることだ、この日の会はその口火である」と結んだ。

2 〈連絡船を守る会〉の発足

一九八二年（昭和五七年）一月、僕は千葉市に住んでいたが、その年の二月から勤務地が東京の亀戸になった。函館には正月と夏休みに一週間程帰郷していたが、そのころは青函連絡船を利用することはなく、僕にとって〈連絡船存続問題〉はまだ遠いところにあった。

■『Theらしん』（準備号）一九八二年一月一七日「連絡船の灯を消すな」

趣意書

青函トンネル開通により青函連絡船が廃止され、なくなるのではないかという危惧は昭和五六年度の情勢管理庁勧告により現実の問題となってきました。「函館の顔」というべき青函連絡船がなくなるということにより、市民の交通手段は飛行機と青函トンネルのみに頼ることになります。

去る一月一一日、函館市湯川町「臥牛荘」で、青函連絡船を守る会の準備会が持たれました。自然災害や交通の安全性から考えても、この二つだけに頼ることは非常に危険です。しかも海と共に発展してきた函館は、その手足をもぎとられることになるのです。

かつてバラ色の夢をかけた青函トンネルの開通は、函館を含む道南圏に何ほどの利益を与えず、逆に函館は単なる通過都市として孤立してしまうのです。青函局の廃止は、連絡船がなくなるだけにとどまらず、直接これに関連するおよそ二六〇商社に影響を及ぼし、毎年約一五〇〇億円以上もの経済的損失を与えることになります。

また、経済面のみならずその社会的文化的影響も大きいものがあります。

この意味からも、青函連絡船問題は単に国鉄の人たちだけのことにとどまらず、一般市民の生活にかかわる重大事であり、函館の街づくりにも大きな影響を持っています。函館市民のみなさん、市議会ではすでに「青函局廃止反対」を全会一致で決議しています。私たち市民も、共に立ち上がりましょう。この一連の状況を打開しなくては、わが郷土函館は斜陽の道をたどることになります。今行動に移さなければ、その機会は永久に失われるのです。全市民一体となって市民集会、署名運動などを可能な限りの手段で政府に訴えていきましょう。

市民のみなさん、函館の死活をかけたこの運動にぜひ参加してください。三二万市民の総意を結集すれば運輸行政の修正は必ずや出ると信じます。

私たちの運動目標は、次の二点です。
1、昭和五八年度か遅くとも昭和五九年度国鉄予算に、青函連絡船新造費の計上の実現をはかること。
2、青函船舶管理局の存在を強く要請すること。

報告

去る一月一一日、函館市湯川町「臥牛荘」で、〈青函連絡船を守る会〉の準備会が持たれました。この日の出席者は、一般市民をはじめ、函館駅前の都心商店街振興組合、函館市青年会議所、函館市観光協会、函館音鑑、函館地評、函労会議、国労、動労の各代表約四〇名が参加しました。和泉雄三代表から「連絡船存続は、あらゆる団体、市民の共通の願いなので、ぜひ大同団結して運動を進めていきたい」との挨拶がありました。

さらに前掲の趣意書、運動方針（案）の説明があり、参加者から活発な意見と同時に、趣旨におおむね賛同をいただくことができました。来る一月三〇日午後六時三〇分より「臥牛荘」において〈青函連絡船存続協議会〉通称〈連絡船を守る会〉を発足させることになりました。

3 まずは順調な船出

一九八二年一月三〇日と二月一二日の二度にわたり〈連絡船守る会〉の設立総会および実行委員会が函館湯川、臥牛荘で開かれた。参加したのは学識経験者、市議会議員、日本化学飼料、函館旅館組合、朝市連合会、青年会議所などの経済・文化・労働関係の二八団体。それに主婦、一般市民、元連絡船乗務員などだった。

世話人代表として決定したのは、和泉雄三（函館大学教授）、真崎京次（護国神社宮司）、小鹿杉雄（朝市

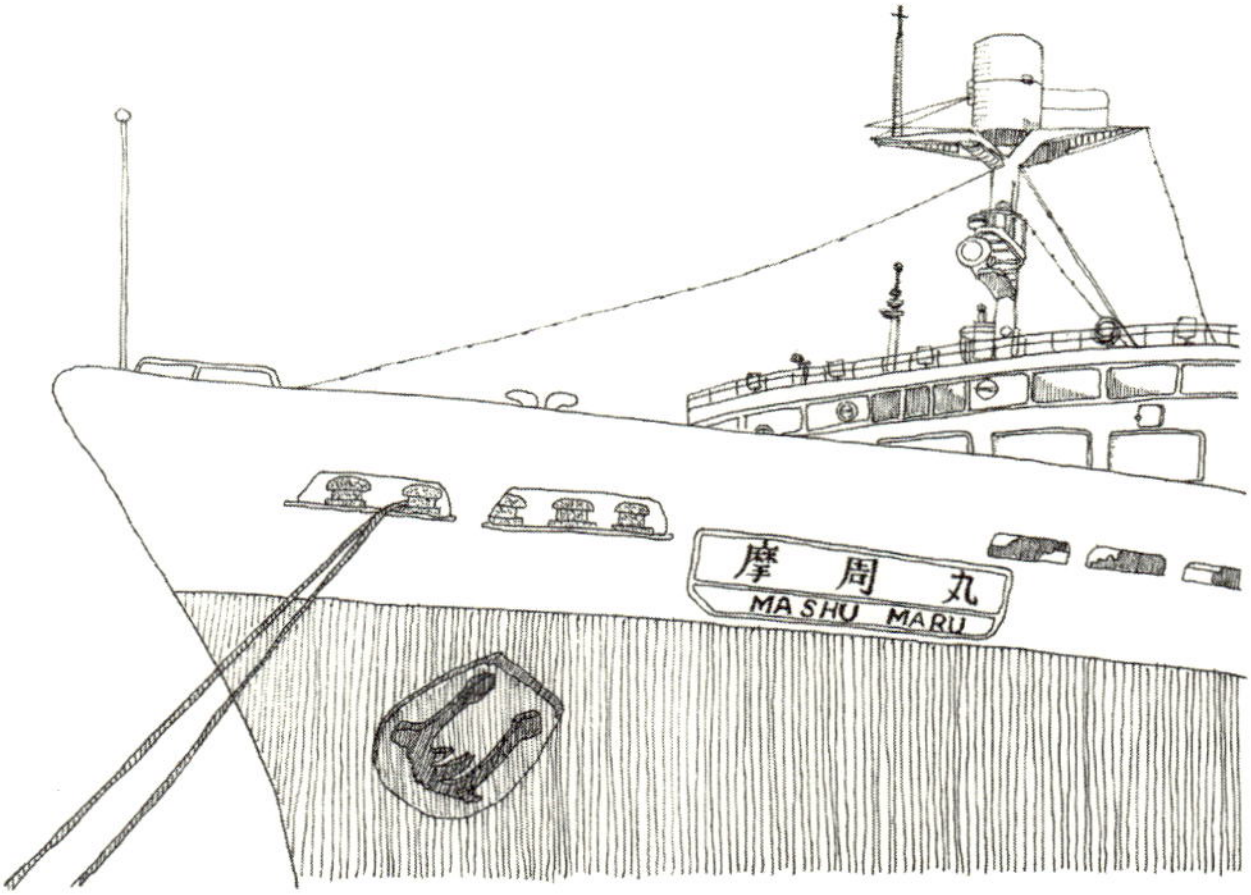

連合会会長）、福田強（函館旅館組合会長）、木下順一（タウン誌編集長）、大河内憲司（医師）、事務局長・坂本幸四郎（元連絡船通信長）。

こうして〈連絡船を守る会〉は誕生した。その後、一九八八年（昭和六三年）三月一三日の〈青函連絡船全面廃止〉と〈摩周丸係留保存〉に至るまでの約八年間にわたり〈青函連絡船存続問題〉について、さまざまな活動をくり広げながら訴えていくことになる。

■〈青函連絡船を守る会〉の運動目標

当時の資料を見直してみると、一九八二年一月の時点での〈連絡船を守る会〉の運動目標は次のようなものである。

ひとつは一九八二年以降の国鉄予算に連絡船新造費を計上させること。もうひとつは、国鉄青函局を存続させること。この二つを運動目標を掲げて一九八二年度は運動が展開された。

この存続運動でなにより重要なポイントは函館の〈経済〉であった。函館市民の多くが青函トンネル効果で観光客が増え、経済的にも問題はないと考えていたのだ。連絡船が本州との交通手段とだけ考えれば、この考えは間違いとはいえないかも知れない。しかし、連絡船が経済面ばかりではなく函館にとってどれほど重要であるかは、その後〈連絡船を守る会〉の活動によって明らかになってゆく。

■「青函連絡船を守る会」の組織目標

〈連絡船を守る会〉の活動の特徴は、会員数の拡大よりも、目的を定め、それにそった行動を重視することにあった。とりわけ函館市民に対する連絡船廃止による影響の深刻さを知らせることに重点がおかれた。そのためシンポジウムや署名活動などの直接的行動で函館市民に訴えてゆくことになる。

組織としての〈連絡船を守る会〉は、個人と団体による参加者によって成り立っている。団体加盟は中小企業家同友会函館センター、函館音鑑、函館の歴史的風土を守る会、函館地評、函労会議など八団体。

こうしたさまざまな団体が参加しているにもかかわらず〈政治的要素〉がないことが〈連絡船を守る会〉という市民運動のもうひとつの特徴だった。個人にしても団体にしても思想信条や党派を越えて、青函連絡船の存続という大きな運動に身を投じていた。発会式での趣意書の内容や運動目標に多少の異論も出たが、先に挙げたようにこの会の目的は明確だった。市民への啓発運動と連絡船の存続運動。後者をより細かく言うと、存続運動をする各団体、行政機関へのバックアップも〈連絡船を守る会〉の目的である。

一九八二年二月になって函館市が国鉄青函連絡船の経済影響結果を発表した。当時の新聞によると、直接的な影響額は年間二〇七億円で波及効果を含めると五二〇億円に達するという。連絡船廃止による函館経済は函館ドックを頂点とした造船不況を上回る大問題になるとされている。関連企業の細かな数字も発表された。連絡船の廃止・縮小は、函館にとって、二〇〇カイリ、造船不況いらいの地域経済の根幹を揺さぶる問題であることが公にされたのである。

■「連絡船フェスティバル」の開催も

〈連絡船を守る会〉が発足すると、会ではすぐに具体的な行動に出た。第一回目の実行委員会は二月一六日夜「臥牛荘」で開かれたが、そこで事務局から出された「連絡船を借りきって海上フェスティバルを行なう〈連絡船フェスティバル〉の開催」を承認した。日程も六月二〇日と決まり、船上ダンス・パーティーや《連絡船の唄》の発表会、海上シンポジウムの開催など、盛りだくさんの内容となった。

さらに、若者たちが参加しやすいようにと、フェスティバルの実行委員長に二〇代の学生を起用し、学生たちのアイデアを広く採用するということにもなった。なお当日は、北島三郎他、青函圏の出身歌手に参加を呼びかけることになっていて、各方面で話題になることが期待できた。日中四時間程度の連絡船の借り賃を含め、かかる費用は約四〇〇万円。少ない額ではけっしてなかったが、実行委員たちの熱意で開催に踏み切ったのである。

4　青森もいよいよスタート

ここで青函連絡船に対する函館市民と青森市民の意識の違いについてもふれておきたい。

函館も青森も中央(東京)から見れば同じ地方都市だ。そしてそれぞれに連絡船の港があり、その恩恵を受けている。しかし津軽海峡をはさんで連絡船廃止に対する意識は大きく違っていた。青森市民は函館市民ほど連絡船の廃止を重視していないようだった。同じ北の地方都市で、連絡船が行き来しているにもかかわらずなぜそのような意識の違いが生まれるのだろうか。連絡船がなくなっても本州にある青森は鉄道で中央と地続きであることが理由のひとつだと思うが、もうひとつ、国鉄が所有する青函連絡船は「函館船籍」の船だということがある。どういうことかというと、函館の国鉄が管理する青函連絡船が廃止されれば、その経済的な打撃は函館のほうが青森よりもはるかに大きいということだ。

そうした意識の違いがあるにもかかわらず、今後折にふれて述べていくように、青森市民は立ち上がり函館の〈連絡船を守る会〉と共に青函連絡船の存続運動を展開することで函館を支えてくれたのである。

■青森でも動き出した市民運動

青森での市民運動は函館の運動から少し遅れて始まった。

函館ではまず一九八二年（昭和五七年）の一月七日に函館市内で〈連絡船存続講演会〉を開催した。この講演会では、全国で一、二を争うほどの国鉄赤字ローカル線・美幸線を抱え、その路線を守るために活動を続けている上川支庁美深町の長谷部秀見町長が講演し、東京・銀座でのビラ配りや切符売り、美幸線列車内での集団見合いといった活動を行なっていることを報告した。

そして〈連絡船を守る会〉は、五月からは一〇万人署名運動を、六月には連絡船を借り切った〈洋上フェスティバル〉も行なうと発表した。

こうした函館市民の動きを知り、青森市でも若者たちを中心に連絡船存続運動への関心が高まった。「青森と函館の歴史的なつながりを大切にしたい」と、青森市本町でライブハウスを経営する牧良介さんらが中心となって、函館と連動した市民運動が青森でも計画された。函館の状況について話を聞きたいという青森側の要請で、四月一〇日に〈青函連絡船を守る会〉のメンバーが青森市を訪れ、両市民の交流がスタートする。

■青森市で連絡船を守る会「青森の夕べ」開催

一九八二年四月一〇日夜、「青森の夕べ」という催しが青森市内の喫茶店で開かれた。函館からは〈連絡船を守る会〉の坂本事務局長ら六人が、青森からは文化人や市会議員、県職員など三〇人が出席、存続運動の現状と今後の進め方などを話し合った。

当時の新聞によると、青森側からは「これまで連絡船は当然残るものと思っていたが、今回の函館からの呼びかけで目がさめた」「青森にはただでさえ北の港町らしい風情が乏しいのに、連絡船がなくなればロマンはさらになくなる」などの意見が出た。また、青森青年会議所のメンバーからは「青森市民の七二％が連絡船存続を希望しているというアンケート結果もある」と報告し、青森側の参加者からは「早急に青森でも独自の運動を組織したい」「函館と連帯して、青森でも存続要望の署名活動に協力する」「六月二〇日の洋上フェスティバルにはぜひ参加したい」「これまでの〝近くて遠いまち〟というイメージから脱却して市民レベルでの〝姉妹都市提携〟を実現しよう」と意見が出され、函館側のメンバーたちを大いに喜ばせたとある。

■青森に「連絡船存続運動」の会が誕生

こうして「青函」（青森と函館）での〈青函連絡船存続運動〉がスタートすることになる。

一九八二年四月二三日夜、青森市で〈あおもり青函連絡船市民の会〉（通称〈あお船の会〉）が発足した。メンバーは、青森在住の文化人や市会議議をはじめボランティア団体関係者、主婦、商店街関係者など八八人。青森の会の特徴は、函館に比べて若者が多く行動力にあふれていることだった。青森側の運動方針はそうした人たちが中心になって経済的影響を訴える運動ではなく市民の感性に訴えるような運動にしたいということだった。

〈あお船の会〉というネーミングは、青森の青函連絡船という意味と、かつて外国船を〝黒船〟と呼んだことにちなみ、トンネルとは違い〝青い〟安全な船という意味をひっかけたのだという。〈あお船の会〉の活動としては、当面は五月七日までにシンボルマークを製作したり、市民三〇〇人を対象にした連絡船アンケートを実施したり、PRのための「かわら版」を製作したりするという。函館側にとってこうした青森側の活動方針は心強かった。

しかし当時の僕は、函館市民が体感する連絡船問題に対する危機感と青森市民の体感するそれは決して同じではないと思っていた。先にも述べたように函館市は青森市以上に連絡船や港湾経済に依存しているからだ。函館は青函連絡船の母港であり、国鉄における「青函局」も函館に設置されていた。

また青森市民にとっては〈青函連絡船問題〉よりも〈新幹線問題〉のほうが重要だったということもあった。新幹線が開通すれば東京と直接結ばれるのである。青森市民が北海道の札幌や函館より、仙台や東京の方を向くのはしかたがないことだと思う。

そんな中で〈連絡船存続運動〉に名乗りを上げて地元で市民運動をするのは、とても勇気のいることだ。長い歴史が育んできた二つの都市の市民たちの魂の叫びではないかとすら僕には思えた。

たとえば、函館には青森から嫁ぎ函館で長年暮らしている人がたくさんいた。函館生まれでありながら青森に嫁いだ人も数多くいる。北海道は永く「渡島《わたりしま》」と呼ばれてきた。縄文時代の昔から本州の最北端と北海道の最南端は行き来があり、近年そうした歴史がクローズアップされてきてもいる。青森から学び、多くのものをいただいてきたことを感謝する函館の人間は、けっして僕だけではないはずだ。現在も津軽海峡を共通エリアとして、札幌圏や仙台圏とは異なる文化圏として青森市と函館市は共通の経済・文化の再構築を進めているが、青函トンネルにだけ頼るのではなく、両市を船で結ぶ港の重要性にもっと気づいてもらいたいと当時の僕は思っていた。

次に掲げたのは〈あお船の会〉発足時のアピール文である。函館ほどの切迫感はないと思われた青森側の市民運動だが、青函連絡船に対する熱い思いは函館側と変わらないことがよくわかる簡潔で力強い名文だと思う。

■「青森市民連絡船の会」アピール文

東京を向けば海が背になる。海に向けば東京を背にする。

私達は目前にひろがる津軽海峡に目と心を向けて、青函連絡船の永続化に心をこめて訴える。決意をこめて強く訴える。

私達は深刻な衝撃を受けた。昭和六〇年に青函連絡船が消滅することを知ったことであり、そして今日まで知らずにいたことである。

今年の春、津軽丸が海から消えた。さらに秋、松前丸もまた灯りを閉ざされ鉄屑の部品に化すという。残る客船は五隻のみでありそれすらも引退が計画されている。まして新造船の計画は皆無。七五年にわたる青函連絡船は青函トンネル開通後、確実に息絶えてしまう。

この決定がいつ、誰により、なぜなされたか、市民は知らない。情報公開や市民参加が謳われ地方の時代といわれながら、実態は市民が疎外されたのである。市民の参加も合意もないまま、青函連絡船は刃を突きつけられた。思い起こしたい。人が海から生まれたようにわが町青森は海から誕生した。

本州と北海道を結び幾多の人々の夢、愛、ロマンを乗せ渡った。そこに生まれた豊かな文化。宮沢賢治が、石川啄木が詩をのこした。連絡船は県民をはじめとした人々の血と涙の橋であり、愛と文化の橋であった。

母なる津軽海峡に架かる歴史の橋、青函連絡船を私達は難破させてはならない。海を棄てた青森は、私達の町では決してない。この決意をもとに、市民一体の英知と総力で存続をあくまで貫き通し広く参加と行動を呼びかけるため「青森市民連絡船の会」を発足させることを合意した。

私達は海の子であることを、ここに宣言する。

昭和五七年四月二三日／青森市民連絡船の会／呼びかけ人一同

そして次に掲げるのは、それに呼応するかのような当時の函館側の〈連絡船を守る会〉メンバーたちのアピール文である。

5 船旅の情緒をなくすな

■木下順一（タウン誌『街』編集長）

どの市にも顔がある。函館の顔は船と港だ。

とくに青森・函館間を結んでいる連絡船は、利用者が年々減少しようが、函館を象徴する顔だ。青函トンネルが完成してこの航路が全廃され、連絡船が一隻もいなくなり、したがってまた港もその用を失うことになれば、その時点でペリー来航以来一世紀以上にわたって栄えてきた函館の歴史は終わりを告げる。一つの市の歴史に、とどめを刺すのは、さして難しくはない。政府の方針で簡単に出来る。

ある人は言うかも知れぬ。函館には空港がある。

さらに青函トンネルが出来たら、船以上にうまく利用出来る方法があるかもしれぬと。

そしてまた、こうも言うかもしれぬ。問題は、ざっと概算して、連絡船がなくなることによって、函館がこうむる経済的損害は五二〇億円だ。悲観することはないと。

そうかも知れぬ。しかし、その考え方はもっとも大事なことを忘れている。私は経済なんか重要視していない。五二〇億円が欲しくて、ここが第二の「むつ」の基地になったり、海上自衛隊の基地になったり、あるいは米軍の艦船が自由に入港出来る基地になったりされては困る。金がなくて苦しいと騒げば、そういうことにだってなりかねない。

この間、ある会合へいったら、函館は景気がよくないから、その対策としてトルコ街「編集部・注　ここで言う〈トルコ街〉とは成人男性のための〈トルコ風呂〉のある一画のことを指している。現在この特殊浴場のことを〈トルコ風呂〉とは言わず〈ソープランド〉と言うことが多いが、あえて当時の言い方で引用した」を造らねばだめだと言った人がいる。つくづく私はその人の顔を見た。トルコ街が出来たら暴力団がふえ、麻薬が流れ、治安が悪くなる。そこまで考えての発言なのだろうかと思った。金を追いかけるということは、知らぬ間に、政府の合理主義にのっとって、結局は、青函航路を失うことになる。

さて今一つ、函館には空港がある。また、青函トンネルの利用法もあるかもしれぬ。という問題が残っている。しかし、この二つは今の函館にはなんにも関係がない。これからの函館を作る要素であっても、今までの函館の経済や文化を作ってきたのはペリー来航以来の貿易港としての船と港であり、さらに大正時代以後の青函連絡船である。

ここのところをじっくり考えてもらいたい。函館の港に、船が入港しなくなれば、甲板から眺める倉庫も、岸壁も、そこにたたずむ函館山やエキゾチックな街や風光明媚な眺めが視野から消える。それは一つの市の歴史がなくなることだ。それればかりではない。今、日本で船旅の旅情を味わえるのは青函航路だけである。この最後の情緒の砦《とりで》をなくしていいのか。情緒は金がかかる。あたりまえの話だ。情緒は経済および物質面ではもうけにならないが、人間の活力、人間の心、人間の精神を潤すに、どれほどの価値があるか知らぬ。青函航路があるというだけで、日本人全体の潜在的な情念をどれほどなぐさめているかわからぬ。

青函航路がなくなった情景を想像してみたまえ。港は荒廃し、津軽海峡を客貨船が一隻も走らない。当然、港が寂れるのだから他の船の出入りも減少する。バッコするのは自衛艦や外国の軍艦である。寒々とした風景に変わるだろう。それだけではない。不穏な足音さえ聞こえてくる。情緒を抹殺することの影響はそれだけにとどまらない。同時に不穏な状況を招き、さらに若者をはぐくむ栄養素も失うのである。歴史が終わるとはそのことだ。

青函トンネルが完成しても、これがどのくらい安全なものか誰もわかっていない。また、青森、函館には雪害というものがあり、どんな不測の事態が生ずるか、神のみぞ知るのである。当然、補助の交通がいる。それを民間のフェリーがあるからという運輸省の発言は、無策以外のなにものでもない。

損得で動いている民間企業にどれほどの信頼があるのか。トンネルが安全かどうかもわからぬのに、青函連絡船全廃の方針を打ち出すことは、まさに暴挙で、そこにどんな政治があるだろうか。

■連絡船活用方策検討委員会の報告

ここでひとこと断っておくと、当時青函連絡船の存続についてはほかでもいろいろと検討されていたようだった。しかしいずれも実現にはほど遠かった。

たとえば〈連絡船活用方策委員会〉(平野鶴男委員長、略称〈検討委〉)の方針。一九八二年九月四日、〈検討委〉は「三隻で一日四往復体制でクルージング事業も行なう」といったことを発表した。しかし、予想される赤字穴埋め対策などははっきりせず、まるで具体性にかけるものだった。

それに経営主体のＪＲ北海道側にも廃止の考えに変更はなく、〈検討委〉とＪＲ北海道との収支試算もまるで違っていた。これは〈検討委〉がトンネル開業による観光客増加などの相乗効果を見込んだのに対し、ＪＲ側はトンネル開業で連絡船が大きな打撃を受けると判断したためだ。

こうした検討をもとに〈連絡船の存続を推進する協議会〉(代表・木戸浦函館市長)は具体的な存続要請活動に入っていたが、青函連絡船存続の道は険しいのは明らかだった。

そんな状況の中でここにきても国は「赤字赤字」と騒いでいた。それをマスコミはそのまま垂れ流した。まるで国もマスコミも国民に国鉄や国鉄職員が悪いという印象を植え付けるのに躍起になっているかのようだ。いつの時代も権力者は、姑息な手段で真実を覆い隠す。この国に真のジャーナリストはいないのかと僕は思っていた。そして国民は本当のことを知りたいとは思わないのだろうかとも。

6　街頭署名で市民の声を

■「函館の顔」である連絡船を守るために

一九八二年（昭和五七年）五月一六日、〈連絡船を守る会〉は函館市内の松風町大門グリーンプラザで第一回街頭署名活動を行なった。それが〈一〇万人署名運動〉の皮切りだった。青森市の〈あお船の会〉も近く同じ署名運動を起こすことになっており、津軽海峡を越えて「連絡船の灯を消すな」の声が一段と高まってきていた。

五月一六日の街頭署名には僕を含めて会員約三〇人が参加した。ただ署名を求めるのではなく、郷土芸能の「きぬたの会」の会員がまず〝寄せ太鼓〟を披露して賑やかに開始した。太鼓のあとに坂本事務局長らがマイクを持ち「連絡船はいわば函館の顔。連絡船がなくなれば、函館の経済や文化が大きな打撃を受けるほか、本州と北海道の動脈が細くなり、輸送面で不安が残る。母なる津軽海峡にかかる歴史の橋の連絡船を存続させるために、ぜひ署名をしてください」と訴えたのだ。この日の署名してくれたのは約八〇〇人だった。

そして九月五日には、やはり大門グリーンプラザで第二回街頭署名活動を行なった。「きぬたの会」と「こぶし座」の寄せ太鼓を合図に午後一時にスタートし、大門グリーンプラザに来た客に向けて会員や有志の人たちが署名を呼びかけ、青函連絡船の存続を訴えるパンフレットを配布した。午後一時から二時三〇分までのこの日の街頭署名では、短時間にもかかわらず一一八五名の署名が集まった。第一回の八〇〇人に比べ関心の高まりが感じられた。

■僕の本棚にもある〈宝物〉

一九八三年、〈青函連絡船を守る会〉事務局長の坂本幸四郎さんが『青函連絡船』を出版した。坂本さんは青函連絡船の元通信長で国鉄の職員だった人だ。退職されてからは〈連絡船を守る会〉事務局長を務めてくれている。その坂本幸四郎さんが、七五年間に及ぶ青函連絡船の歴史や事件、エピソードなどを書いた。この本はいまだに僕の書棚にある〈宝物〉である。

第三章　連絡船シンポジウムとフォーラム

1　シンポジウムの意味するもの

■第一回「連絡船シンポジウム」の開催

「シンポジウム」とは「複数の講演者が考えを述べ合い、司会者や聴衆と質疑応答を交わす討論会」、また、「フォーラム」とは「フォーラム・ディスカッションの略で、討論形式の一つ。問題になっているテーマに対して全員が参加して討論するもの」と僕の辞書にはある。〈連絡船を守る会〉の基本活動はこのシンポジウムとフォーラムであった。

第一回目のシンポジウムは「連絡船の灯が消えると、街の灯りも消える」をスローガンに、一九八二年(昭和五七年)二月二一日、函館市共愛会館で開かれた。北海道教育大学函館分校の奥平忠志さんが「連絡船の経済的影響」をテーマに基調講演を行ない、一七〇人を超す市民が聴講した。

そしてその後にタウン誌『街』の木下順一さんが「函館と連絡船」をテーマに、連絡船元通信長の坂本幸四郎さんが「連絡船とトンネル」をテーマに話をしてからシンポジウムが行なわれた。参加者とパネラーの間で今後の運動の進め方などをめぐって意見交換が行なわれた。シンポジウムの最後には新しく代表委員となった函館市朝市連合会の小鹿杉雄会長が今後の運動に協力を訴えた。

■第二回「連絡船シンポジウム」の開催

第二回目のシンポジウムは同じ年の四月一七日に、函館市若松町の拓銀ビル八階ホールで行なわれた。講師とテーマは次のようなものである。

○本間新氏（市議会議員）「地方の時代と連絡船」
○須藤隆仙氏（南北海道史研究会主宰）「函館と連絡船」
○長谷川秀美氏（美深町町長）「町ぐるみ運動の先頭に立って」

第二回のシンポジウムの目玉は赤字ローカル線廃止反対運動で活躍中の美深町長・長谷川秀美氏の参加だった。長谷川町長からは、東京銀座で美深線の切符を売ったり、「カボチャ作戦」「日本一の赤字線に乗ってお見合いしよう！」などの企画の発表があり、赤字ローカル線の廃止運動で培われたユニークなアイデアを披露していただいた。

2　街頭署名運動を行なう

〈連絡船を守る会〉が行なう街頭署名運動は、シンポジウムと同じくらい重要な活動に位置づけられていた。

一九八七年（昭和六二年）五月一六日の第一回街頭署名活動を皮切りに〈一〇万人署名運動〉がスタートしたことは前に述べた。当時、連絡船存続問題は臨調答申などが連絡船廃止に向けた答申に傾いており、連絡船をめぐる状況はますます厳しさを増していた。会では、「連絡船存続問題は死活問題」と言いながらも反応の鈍い函館市内の商店街への啓発活動をもっとしようということになった。具体的には九月の毎日曜日、さまざまな場所で街頭署名を行なおうということになったのである。

その一回目の九月五日は函館駅前商店街で行なった。メンバー三五人が街頭で、買い物客や家族連れに署名を呼びかけた。五月の署名活動と同じように「きぬたの会」と「こぶし座」、それに函館音鑑の若手フォークグループも参加して市民ににぎやかにアピールした。翌週の一二日は五稜郭商店街、その翌週一九日には赤川通地区商店街、四回目の二五日には中島地区商店街というように市内各所で街頭署名活動を行なった。また同時に〈連絡船を守る会〉への参加も呼びかけた。

3　地質学から見た青函トンネル

ここで一九八三年一月一九日に函館市亀田福祉センター講堂で行なわれた第三回シンポジウムの講演内容について記しておきたい。このときの講師は地質学者の生越《おごせ》忠和《すなお》光大学教授。講演のタイトルは「地質学から見た青函トンネル」である。

当時、青函トンネルの先進導坑が完成間近だった。その月、一月二七日の貫通予定で、それが貫通するということは青函連絡船の廃止がすぐに決定されることを意味していた。しかしたとえ完成したとしても青函トンネルには経済性や安全性に依然多くの問題があることがわかっていた。そのことを〈連絡船を守る会〉は強く訴えていた。第三回目のシンポジウムでは、青函トンネルにおける問題点のうち最も基礎的な問題である地質学的安全性を考えてみようということになったのである。

青函トンネルの工事では、海底の三層の地層を通って一〇数本の断層破砕帯を掘削したため、数度の出水を経験することになった難工事となった。そのためトンネルが完成したとしても、安全性という意味で北海道と本州の交通路としての信頼性にはまだまだ疑問が残っていた。

このとき講演を頼んだ生越忠さんは、東京大学理学部地質学科を卒業後、東京大学助手、工業技術院地質調査所調査員を経て和光大学教授になった学者で、古生部層位学的見地から二〇数年にわたり南関東の新生代層の研究を進めていた。また、地質や地盤に原因があって起きている公害問題の研究についても自ら編集する「開発と公害」にその研究成果を発表していた。

生越さんは、一九八二年一二月にも〈連絡船を守る会〉会員を混じえた勉強会で青函トンネルにおける地質学的問題点を指摘していた。

その講演内容を『Ｔｈｅらしん』より抜粋してみる。

■地質学上からみた青函トンネルの問題点／生越忠

（一）青函トンネル掘削のために行なわれた地質調査は、地質学の進歩に大きく貢献した。関係した地質学者の功績は永久にたたえられるだろう。

（二）しかし、トンネルの掘削計画がたてられた当時には、活断層の再活動によって直下型地震が発生するという考え方が未だに定着しておらず、活断層問題が耐震設計に十分考慮されていなかったうらみがある。ゆえにこの段階で、そうした観点からの安全性の再検討がぜひとも必要である。

1、トンネルのルートは、日本で唯一の新生代の活褶曲帯である羽越褶曲帯に属し、現代でも地殻変動が継続しているところである。

2、活褶曲帯には活断層（しかも、かなり新しい年代の活断層）がつきものであるが、ルートには活断層の存在が確かめられている。これらの活断層が再活動しない保障は全くない。

3、活断層の再活動によって直下型地震が発生した場合、一番恐ろしいのは地震断層が現れ、地盤に大きな残留変形（永久変形。地割れ、隆起、陥没、断層による段差ずれ）が生じるということである。

鉄道公団は、トンネルは震度階がⅦの強い地震にも耐え得るように設計されているというが、地震時に加えられる外力のみに基づいて耐震設計を云々するのは完全に誤っている。震度階がⅤあたりから（軟弱地盤の場合にはⅣ）でも、地盤の残留変形が表れるようになることに注目しなくてはならない。耐震設計上は安全なはずの構造物が、地震時にしばしば損傷をこうむることがあるのは、多くの場合、地盤に残留変形が生じるからである。
ちなみに関東大震災の際には、陸上の変形よりも海底のそれのほうがはるかに大きかったとされている。

4、鉄道公団は、津軽海峡は日本で地震が最も少ない地域であるから、将来にわたっても、ここを震源とする破壊的な地震発生のおそれはまずないという趣旨のことを言っているらしいが、そのような見解は完全に誤っている。

地震には繰り返し性があり、また、場所によっては周期性もあるといわれているが、日本において顕著な被害をもたらした地震の半分以上は、いまだかつて被害地震が発生した記録のない場所で起こっていることに注目しなくてはならない。

また、大地震はふだん有感地震回数のきわめて少ない場所にも発生するものである。たとえば、きたるべき東活地震（駿河湾地震）の予想震源域のど真ん中に位置する御前崎は、宝永地震（一七〇七年）の際には一～二メートル、安政地震（一八五四年）の際には〇・八～一メートルほど隆起したといわれているが、ふだんは有感地震のきわめて少ない静穏な場所である。

5、地盤凝固剤の注入によって固められた人工岩盤とその周囲の自然岩盤との固さなどの差異は、地震動に揺れの強さの差異となって表れる可能性があるが、その際、トンネルが堀削されている人工岩盤に歪みが生じないかという疑問がある。

6、地震時に水道管やガス管などの地下埋没管が損傷をこうむる多くの場合は、たとえば洪積層から沖積層へ移る場合といったような、固さなどの性質が互いに異なる二つの地層の境界の一にあたるが、青函トンネルも、性質の互いに異なる色々な地層を貫いているから地震時に二つの地層の境界の位置でトンネルが損傷をこうむりやすいということも考えられる。

7、地下(海底下)は地表(海底面)に比べて、地震動による揺れの強さが小さいことは事実であるが、地震に際して表れる地震断層の落差は、地下の方が地表よりも小さいとは限らない。ゆえに、海底トンネルは地震時にも安全という見解はつねに成立するとは必ずしもいえない。

(三)湧水の問題も、地盤の劣悪性の問題とあいまって、トンネルを危険なものにしている大きな要素である。

1、大量の地盤凝固剤を使用したにもかかわらず、なおかつ大量の湧水を見ているということは、地盤凝固剤の効果の限界性とともに、含水量がきわめて厖大なこと、断層面や節理面(ひび割れ面)などの岩石の不連続面の発達が非常に顕著なことを物語るものである。そしてもし、湧水中の塩分が化石海水に由来するものではなく、現在の海底から浸透している海水に由来しているものならば、事は重大である。

大量の湧水があるということは、岩石の不連続面が完全に塞がっていないことを意味するから、この見地からトンネルの安全性の再検討が必要である。

2、地盤凝固剤は水に触れている限り再容出することがあるから、湧水が地盤凝固剤で汚染されているおそれは多分にある。そのような湧水をくみ上げて海水に捨てた場合、海水が二次汚染されて、漁業などに深刻な打撃を与えることになりかねない。東京などの地下鉄工事などで地盤凝固剤が使用された場所の地下水はまず飲用できなくなっている。
3、近年、良質の骨材資源の入手難が深刻化してきたことが一因となって、コンクリートの強度低下が目立つといわれているが、海底トンネルのコンクリート壁は塩水の滲透もあって、早い時期に強度がいちじるしく低下するおそれもないとはいえない。この見地からトンネルの耐用年数などについての再検討が要請されるところである。

生越忠教授の講演会を、トンネルの安全性に疑問をいだく約四〇〇名が熱心に聴いた。この講演会は、函館大学の大野教授の司会のもと、〈連絡船を守る会〉の和泉代表が「トンネルに旅客を通すのは絶対の安全性が保障されなければならない」とあいさつしてから始められたのだが、僕も生越先生の講演を聞きながら、青函トンネルの先進導坑の貫通は「世紀の大事業」と取りざたされていてそれ自体否定しないものの、直下型地震が起こっても果たして本当に安全なのか、ということばかり考えていた。そして年間一〇〇〇億円ものトンネル経費を誰がどのように負担するのか、また、トンネルの開通で本当に海のルートである青函連絡船の航路を廃止してしまっていいのか、といった問題の本質についてはまだなにも議論されておらず、そうした疑問に何一つ答えは出されていないのだ、ということも思った。

講演終了後、坂本事務局長の基調報告が行なわれた。そして出席者の質問があり、〈連絡船を守る会〉の小鹿代表委員のあいさつで閉会した。

この当時はまだ東京で生活していた僕だったが、たまたま正月の帰省で函館にいたのでこの第三回シンポジウムに参加できた。

4 青函両市議会が存続へ

その後の『Theらしん』では生越教授の講演を受けて、青函トンネルの安全性について会としての見解が述べられている。

■『Theらしん』（六号）一九八三年一月二六日

青函トンネル先進導坑が開通「連絡船を守る会」の見解

一月二七日の青函トンネルに堀削をなしとげた世紀の大偉業に対し深く敬意を表す。

我々はトンネル開通に対し何ら反対するものではない。ただし、その利用に対しては異論がある。計画当初とは諸条件が異なる。我々は連絡船を廃止し、トンネルを唯一の旅客交通路とするという考え方に対しては反対せざるを得ない。

その理由

1、安全性につき、地質学上問題がある。

2、函館市約一〇〇〇億円、青森市二〇〇億円の影響、また津軽海峡線年間一〇〇〇億円の赤字が予想されるが、あまりに経済的デメリットが大きすぎる。

3、交通経済上、在来線方式による時間短縮がせいぜい一時間四〇分程度では、メリットが小さすぎる。

結論

1、トンネルの安全性が地質学上確保されるまで旅客列車は走らすべきではない。

2、どうしても営業する場合は、差し当たり臨時用路として無人貨物列車を走らすこと。

我々の主張

1、青函連絡船を存続し、今後も主要航路とする。したがって連絡船の二年延命など中止し、新造船建設に政策を転換すべきである。

2、トンネルは、臨時用または連絡船の副航路と考えるべきである。

昭和五八年一月二六日／「青函連絡船を守る会」代表　和泉雄三

青函連絡船存続の訴え

「青函連絡船は昭和六〇年に廃止する」。これは昭和五六年九月二〇日、鉄道建設審議会での運輸省の発言です。みなさん、津軽の海から連絡船の姿が消えてしまうのです。

青函両都市の経済や文化にも大きな打撃を与えることは明らかですが、それ以上に本州と北海道を結ぶ大動脈としては、安全に不安がのこる海底と、空だけに頼るのは危険であり、将来に必ず悔いを残すものです。

昨年八〇年もの歴史を持つ青函連絡船を存続させたいという住民感情と、そこに生まれ育った豊かな文化を単なる感傷と片付け、運輸省の方針という名のもとに無視しようとしているのです。

みなさん、私たちは黙って従う他はないのでしょうか。今こそ母なる津軽海峡にかかる歴史の橋、青函連絡船の存続を強く当局に訴えましょう。

灯は消してはならないというみなさんの決意のご署名をお願いします。


昭和五七年五月／あおもり青函連絡船市民の会／青函連絡船存続市民協議会

青函連絡船「延命」より「新造」を

国鉄青函局は今年耐用年限のくる、大雪丸と他二隻の「延命」工事を決めた。二隻が引退し、残る連絡船も二隻が貨物船から貨客船への改造転用で、以前延命工事を行なった八甲田丸と合わせ四隻が延命工事による就航となる。青函航路一〇隻のうち六隻が異常な形での就航である。

青函トンネルや接続線の工事遅れなどへの対策もなく、新造船の計画もない。ツギハギ連絡船とエンメイ連絡船は、青函連絡船の全廃を前提としたものである。

また、これからの就航は安全性に問題があるとともに青函航路の重要性を認識しない、おざなりの措置であり本道軽視の政策的な表れでもある。

国鉄当局は早急に青函連絡船の永続的存続を決定し新造船に取組むべきである。

5　連絡船問題と青函両市議会

『Ｔｈｅらしん』第七号では一九八三年三月に開催される函館と青森の市議会議長二人による講演会のことが書かれている。

■『Ｔｈｅらしん』（七号）一九八三年二月二六日付

〈連絡船を守る会〉と〈あお船の会〉は来る三月一二日に青森市議会落合長栄議長が来函し、函館市議会越前達郎議長との講演会を開催する。

テーマ　「青函連絡船問題と両市議会」

講師　函館市議会議長　越前達郎氏

　　　青森市議会議長　落合長栄氏

日時　三月一二日(土)午後六時

場所　函館市民会館大会議室

昨年一二月二三日、青森市議会は「国鉄青函連絡船の存続運航を求める意見書」を満場一致で可決し、続いて一二月二四日、函館市議会でも同文の意見書を同じく満場一致で可決した。

「連絡船の存続は青函両市の振興発展にとって極めて大きな影響を及し、また、青函トンネルの有効活用と合わせ国鉄青函連絡船の存続運航により一層の輸送の充実は本州と北海道を結ぶ輸送体制の強化、確立を図るうえで極めて重要であり将来とも国鉄青函連絡船を存続運航するように強く要望する」というもの。両市議会が青函連絡船の存続運航を求める意見を議決して、関係行政機関に提出したことは連絡船の存続を望む両市民の声を反映したもので、各行政機関は、両地方公共団体の公益に関する意見(地方自治法九一九条二項)として尊重すべきであり、今後の対応を見つめて行く必要がある。

また、表立った存続運動をしていない函館市の今後の活動が期待されるものである。青函両市議会議長の講演は、連絡船存続運動の新たな前進であり、一般市民や議会関係者、市当局等行政担当者ら多数の参加を期待している。

国鉄青函連絡船の存続運航を求める意見書

青森市と函館市は、本州と北海道の結接点として共に発展してきたが、とりわけ国鉄連絡船は、明治四一年就航以来今日までの七四年間にわたり、本州と北海道を結ぶ基幹的交通手段として我が国の発展に重要な役割を果たしており、青森・函館両地域の産業・経済活動にとっては切り離すことのできない公共輸送機関であることから、これが存続問題は両市の振興発展にとっても極めて大きな影響を及ぼすものである。

また、我が国の現状にあって、東北・北海道地域は、大きな発展の可能性を有する地域であり、今後の我が国の均衡ある発展に積極的な役割を果たしたことが期待されており、昭和六〇年度完成が予定されている青函トンネルの有効活用と合わせ、国鉄青函連絡船の存続運航による一層の輸送の充実は、本州と北海道を結ぶ輸送体制の強化、確立を図るうえで極めて重要な課題である。

よって政府並びに関係機関は、速やかに国鉄青函連絡船の果たす役割を明確にし、将来とも国鉄青函連絡船を存続運航するよう強く要望する。

以上、地方自治法九九条第二項の規定により意見書を提出します。

昭和五七年一二月二四日／函館市議会議長　越前達郎

■函館ドックで全国集会

この頃、青函連絡船廃止によって大きな影響を受ける函館ドックの全国集会が、青函連絡船で宿泊しながら行なわれた。新聞によると、函館ドック支援の交流集会は一九八四年(昭和五九年)八月二六日夜、函館市海岸町の中央埠頭に接岸中の青函連絡船摩周丸船上で開かれ、各地から参加者約五〇〇人がそのまま連絡船に泊まり込んだという。

この交流集会は総評函館ドック対策委員会の主催で、同日午後七時半から船内カーデッキで開かれ、東京地評、全道労協、国労青函地本の代表らがあいさつした。ステージでは地元のバンド「ムックリ」や「ブリージン」が演奏し、夜が更けるにつれ交流集会は熱気と興奮に包まれ、参加者は「首切りなんてとんでもない」と叫び声を上げていたという。参加者は、そのまま摩周丸船内に宿泊、国鉄青函局もこのユニークな活用に毛布、マクラを五〇〇人分用意したと記事にはある。

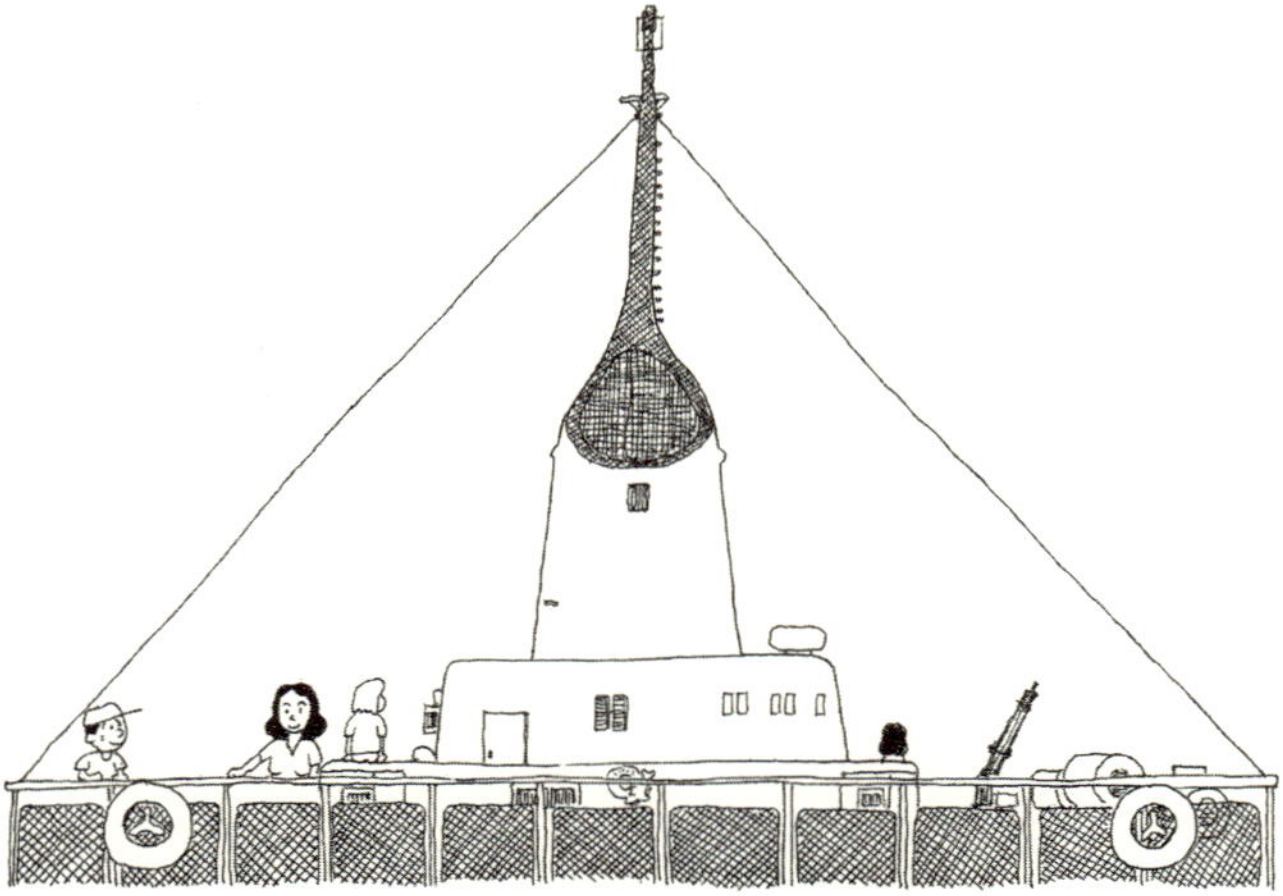

6　連絡船の存続は函館市民の主張

その頃の〈連絡船を守る会〉の意見も見ておこう。

■全開発函館機関紙一九八四年九月二一日付

笠間昭三氏「函連絡船の存続は函館の主張」

四月一日、国鉄の分割民営化が実施され、青函連絡船は北海道旅客鉄道㈱に引き継がれた。新任の東条猛会長は同月来函し「私が会長である限り廃止方針に変わりはない」と述べたと報道された。国鉄分割民営化は審議中で、昨年一一月、橋本運輸大臣が参議院で、社会党議員の質問に対し「原則廃止を閣議決定しているが、新会社が別の形態で維持しようとする場合、それを認めるよう努力する」と答弁し、青函連絡船存続の七年間の運動が成果を上げ始めた時だけに、この東条会長の発言を許すことはできないのである。

青函連絡船の存続運動は昭和五六年、行政監理調勧告による青函トンネルの開通時には廃止するという方針の発表直後、函館市経済への影響、本州―北海道間の交通機関としての重要性、青函トンネルへの不安等様々の理由から、函館、青森両市民をはじめ広く全国の賛同者をもって市民運動が展開された。

細田運輸大臣(当時)の「全廃発言」にもめげず、東京、札幌での要請行動を含め、五回の連絡船洋上と埠頭でのフェスティバル、日本フィルとの連絡船LOVEコンサート等、力強く幅広い活動を行なってきた。先の運輸大臣の「地元で別の形態で継続するならばこれを認める」という発言は、これらの国民的世論を背景にするものであり、最大限に尊重されるべきものだ。JR北海道一企業が八〇年の歴史をもつ青函航路に勝手に終止符を打てるべき質のものではないはずだ。

先の太平洋戦争で破滅的に破壊され、洞爺丸台風でも大きな犠牲を負いながらも、今日きわめて安全性の高い航路を確立している。これには乗務員はじめ関係者の困難を越えた努力と、街の蓄積された造船技術、航海技術が深く根づき生かされている。終戦直後「北海道から本州への連絡船は石炭、木材、イモ等で満載であったが、青森からの船はいつもからっぽだった」と乗務員は回想する。

私自身、研修中に函館本線と国道五号が土砂くずれでやられた時、室蘭港から函館港まで国鉄で帰ったことを思いだす。いうまでもなく青函連絡船の臨時航路であった。今日、船旅は世界的に見なおされつつある。北海道からちょっと〝向かい〟の中国、朝鮮、ソ連までのクルージング旅行は、東京晴海の埠頭へ行くよりも近いことはいつのまにか私たちの思考の中から消えつつある。商船や客船がこなくなる港には、変わりに何が入って来るかわからない。

津軽海峡は宗谷と共に国際海峡である。私も平和な海であることを心から願っている。黒船以来、世界の歴史に加わったHAKODATE港。新島襄が、ジャック白井が世界へ渡る窓となったであろう函館港。ここには「連絡船」が走っていなければならない。北海道にとってもかけがえのない歴史とロマンを満載した連絡船というキャラクターの運命は、この半年間の市民と道民の熱意のみにかかっている。

第四章　連絡船フェスティバル

1　海峡にロマンを求めて

■『Theらしん』（四号）一九八二年九月一〇日付

青函連絡船フェスティバル

一九八二年（昭和五七年）六月二〇日、十和田丸で行なわれた〈青函連絡船フェスティバル〉は、大勢の一般市民の協力を得たことと、絶好の天気にも恵まれたことで大成功をおさめた。十和田丸には、約一三〇〇名が乗船し、甲板上や船内の会場で〈連絡船を守る会〉をはじめ、〈あお船の会〉ロックバンド、フォークグループなどが連絡船の存続を強くアピールした。

約六カ月の準備期間、毎日曜日、討論の上に企画を練り、乗員の確保や安全対策などに苦労した実行委員の努力が報われ大きな喜びとなった。

今回のフェスティバルの最大の目標は、若者に連絡船存続の声を広げることにあった。

企画の段階での討論はもっぱらその点にしぼられ、ロックコンサートが目玉として置かれ、ギャラなしでの演奏者の協力が得られるかどうかにかかっていたが、「サウンドパパ」の協力により解決された。

当日の洋上ロックコンサートは、青空の下、連絡船存続を訴えながらの熱いサウンドとなり、参加者の感動を呼び起こした。フェスティバルでのロックミュージックの登場は、ロックへの偏見を取り除く結果となり、解散を予定していたバンドも演奏活動を続ける決意をした。

船内では、函館と青森のフォークの競演があり、函館のグループ「ムックリ」は《この子らへ函館を》を乗客と合唱した。語らいの広場では連絡船の存続が力強く訴えられ、青森からかけつけた伊奈かっぺいさんはローカリズムを披露した。

「こぶし座」と「きぬたの会」は餅つき囃子を四時間びっしり演奏し、また踊り続けた。「リクリエーション・クラブ」は人形劇で子どもたちを引きつけた。ほかにモールス電信、華麗なダンスを披露した田口ダンスアカデミー、写真協会とモデルさんたちが協力してくれた。十和田丸で行なわれた〈青函連絡船フェスティバル〉はこうした市民各層の絶大な協力が得られたことにより成功した。

船上撮影会鍋倉さんが入賞

フェスティバルでは〈守る会〉と〈みなみ北海道写真業連合会〉との共催でモデル撮影会も行なわれた。撮影会は、好天、無波浪のベストコンデションで行なわれ、フェスティバルの情景や風景、それに特別搭乗したモデル嬢やぬいぐるみのマスコットをモチーフに多数の傑作が生まれた。審査の結果、つぎの作品の入賞が決まり、賞状と賞品が贈られた。

推選　鍋倉徳次「海峡フェスティバル」
特選　辰宮章「海上のロックンローラー」、後藤俊夫「十和田丸とモデル」
準特選　西川武「握手してー」、坂田定雄「連絡船と女」、加藤幸雄「陽光」
入選　浜田楨三(二点)、坂田(二点)、田村弘(二点)、白川武志、兼田章、鍋倉徳次

■「青函連絡船を存続させよー」

〈青函連絡船フェスティバル〉は成功のうちに終わった。当時の新聞記事を見てみると、多くの青森市民も参加して、全国各地からは激励の手紙も届き、まさに連絡船存続運動のうねりは、函館の地域のワクを越える高まりを見せたといえる。しかし一方で反省点もあった。一八〇人の団体参加を申し込んだ函館市金堀小ＰＴＡが、後になって乗船できなくなるということが起こったのだ。団体予約を受け付けてからフェスティバルの協議会が予約状況を集計したところ、すでに安全規定上の定員をオーバーしていたことが原因である。

この時のフェスティバルの成果の一つは船内で行なわれた〝語らいの広場〟での議論だった。多くの市民から連絡船を残してほしいという意見が強く出された。また、〈連絡船を守る会〉には、後に全国各地から「トンネル完成後も、連絡船とどちらか一方を選んで利用する権利が乗客にある」「連絡船を舞台にした終生忘れ得ぬ思い出がある。一便でもいいから残してほしい」などの投書がきた。

2　永六輔さんを迎えて

■フェスティバル実行委員長の話／永谷吉郎

〈青函連絡船を守る会〉会員の永谷吉郎氏は、〈守る会〉が発足したのを新聞で知ってすぐに運動に加わり、フェスティバル実行委員長を務めた〝祭り男〟である。永谷氏は第一回青函連絡船フェスティバルの成功について、新聞のインタビューで次のように語っている。

「存続運動を注目してもらうには、全国的にも初めてのことをと考えました。実際市民団体が、あんな大きな船を借り切ってお祭りをやるのは他に例がないと思います。昨年は約一一〇〇人の市民が乗船、津軽海峡洋上で船旅を満喫しながらロック、フォークのコンサートを楽しみ、連絡船についての語らいの場もできて大成功でした。今年もタレントの永六輔さんや伊奈かっぺいさんも参加してくれます。函館市民の手づくりの祭りですが、今年は参加者が全道に広がりそうです」

「父が連絡船の船長をしていたので、子供のころから連絡船には愛着がありました。青函トンネルが完成したら、連絡船はお払い箱という話がありますが、とんでもない話です。本州へのルートは飛行機、トンネル、連絡船といろいろあって良いのです。私個人は青函トンネルが怖いから利用したくないですね。海底下で地震や火災が発生したらどうするんですか。十勝沖地震の時は函館大学の学生で、ちょうど崩壊した校舎の三階で授業を受けていました。トンネル内であんな地震があれば……」

「青函の市民が声を大きくして、どんどん中央にアピールできればと思っています。連絡船廃止は函館経済に大きな打撃を与えるし、青函トンネルは超赤字必至で問題が多い。こうした視点からの連絡船存続論も大切ですが、私個人としては船旅の楽しさを守ることが大事だと思ってやっています。現にヨーロッパでは船旅が見直されています。フェスティバルでも約四時間の船旅を楽しみながら〝船ってこんなに良いものだ〟ということがわかってもらえたら最高ですね」

第一回目の青函連絡船フェスティバルの成功を受けて、翌年六月に第二回青函連絡船フェスティバルを開催することが決まった。第二回にはタレントの永六輔さんも参加するということになり、〈連絡船を守る会〉の会員たちは盛り上がった。フェスティバルの直前に発行された『Ｔｈｅらしん』八号を見てみよう。

■『Ｔｈｅらしん』（八号）一九八三年五月五日付

第二回青函連絡船フェスティバル

今回は、旅行好きで地域の芸能文化に造詣の深い永六輔さんが特別参加する。フェスティバルは、六月一九日午後一二時函館桟橋集合。〈連絡船を守る会〉代表のあいさつ後乗船し、一二時五〇分出航。その後の航路は港外で一時停泊し函館山を半周。大森浜沖まで行って進路を変更し上磯沖まで周遊する。帰港予定は一六時五五分。

船内では、出演者と乗船者が一体となって各種の催しを繰り広げる。

催しの主なものは次の通り。

○ロックの広場：船尾甲板上カーデッキで行なわれる。青空の下、函館のアマチュアロックバンドが出演。昨年好評だった「サクセス」「ホットベイビー」「ビートリップ」「ジェイシー」のほか青森からは「ヒーチィングハート」が参加。「江差餅つき囃子」もこの会場で。

○歌と踊りの広場：後部普通座席で開催。青森から、伊奈かっぺいさんの話術、牧良輔さんの一人芝居、水木淳さんも出演。特別参加の永六輔さんの口演と集いが行なわれる。

○フォークと芸能の広場：普通船室では、函館のフォークグループや音楽活動を行っている人たちが出演。昨年《この子らにはこだてを》をレコード化し話題となった「ムックリ」や「こぶし座」「きぬたの会」の出演が決定。フォークや、郷土芸能が披露され《連絡船の歌》も発表予定。

○子どもたちの広場：グリーン船室で、幼児達を楽しませるコーナー。ゲームやクイズなど、函大「連絡船SOS」のメンバーの協力で家族ぐるみの催しが行なわれる。また、船内見学やモールス信号。北海道レクリエーションクラブによる遊びなどが展開される。

乗船券は、大人一八五〇円、学生（大・高・中）一四五〇円、幼児二〇〇円。乗船券の予約は事務局（喫茶タイム）。市外の参加希望者は、郵便（現金書留等）でも受け付ける。

第二回青函連絡船フェスティバルが行なわれた後の『Theらしん』（九号）も掲げておこう。フェスティバルばかりではなく連絡船をめぐってさまざまな動きがあることがわかる。

■『Theらしん』（九号）一九八三年九月七日付

函大祭でも「連絡船SOS」

六月一八、一九の両日、函館大学で大学祭「函大祭」が行なわれる。同大学のサークル「連絡船SOS」による、存続を訴える展示やスライド上映、演説会や研究発表などが行なわれる。また、連絡船のイラストを募集中で作品は「函大祭」で展示する。

〈あお船の会〉が本を出版

青森のタウン誌発行所が青函連絡船存続を訴える本『ぼくたちの誇り青函連絡船を守ろう』を出版。函館と青森の市民がイラストや写真、文章などで連絡船への思いを表現しており、津軽海峡をまたいでの〝連絡船市民讃歌集〟となっている。

本の制作は〈あお船の会〉が計画し、同会の主要メンバー成田茂さんが経営するタウン誌『月刊キャロット』が発刊した。編集には〈あお船の会〉ほか、函館側の〈連絡船を守る会〉も全面協力。函館側からは羊蹄丸船長の藤井友次郎氏ら連絡船船長、朝市関係者や連絡船愛好家などが登場しているほか、函館のタウン情報も載っている。さらに一九日の連絡船フェスティバルに出演する伊奈かっぺいさんの飛び出すイラストや、永六輔さんの詩も掲載されている（定価五〇〇〇円）。

フェスティバルに約一〇〇〇人が参加

一九八三年（昭和五八年）六月一九日、青函連絡船「十和田丸」の船上で行なわれた第二回青函連絡船フェスティバルは、約一〇〇〇名が乗船し、各種催しの中で青函連絡船の存続を訴え、

大成功に終わった。
当日の天候はあいにくの小雨模様のため、メイン会場のカーデッキは使用ができず船内は満員の状態。フェスティバルには、横路孝弘北海道知事や、函館市柴田彰市長のメッセージがよせられた。
ゲストとして乗船した永六輔さんは「函館と青森の二つの町が、一つの問題で手を取り合って運動をするということだ」とあいさつをした。語らいの場では、青森から参加した伊奈かっぺいさん、牧良介さんに、特別参加の永六輔さん、函館の落語家東家夢助さんらが、連絡船をめぐる話題などを楽しく語り合った。

北海道知事からのメッセージ

青函連絡船フェスティバルが、津軽海峡の洋上において、函館市、青森市のたくさんの皆さんの参加を得て行なわれることに対し、心からお祝いを申し上げます。

青函連絡船は、北海道と本州を結ぶ基幹交通網として本道の経済、文化の形成に大きな役割を果たしており、本道発展の歴史とともに歩んできたということができます。

また、連絡船は地元函館、青森の産業や経済に深い関わりを持っており、青函トンネル開業に伴い予想される減船は、地元へ大きな影響を及ぼすものと考えられます。

このようなことから、私としても、連絡船の減船は大変に残念な、憂慮すべき問題であると考えており、国等に対し、連絡船の特性を生かした輸送の確保と新たな需要の開発を進めるとともに、地元の意向を踏まえながら、トンネルと連絡船との機能分担を早急に明確にするよう働きかけていく考えであります。

本日のフェスティバルが大成功を収め、連絡船存続の気運が大きく盛り上がることをお祈り申し上げ、私のメッセージといたします。

昭和五八年六月一九日／北海道知事　横路孝弘

3　晴天に恵まれ大成功

このように〈青函連絡船フェスティバル〉は、第一回・第二回ともに大成功に終わり、〈連絡船を守る会〉は、一九八四年(昭和五九年)七月一日に第三回、一九八五年(昭和六〇年)七月七日に第四回の〈青函連絡船フェスティバル〉を行なった。それぞれの概要を新聞記事をもとに記しておこう。

■第三回フェスティバル

第三回フェスティバルは一九八四年(昭和五九年)七月一日に行なわれた。使用した連絡船は例年通り十和田丸。午前一一時四五分に函館桟橋を離岸、函館港内、函館山裏などを周遊し、午後三時四五分、同桟橋に着岸した。乗船券は大人一九〇〇円、中・高生一五〇〇円、小人九〇〇円、幼児二〇〇円。

船内では「こぶし座」の餅つき囃子や、青森から来た伊奈かっぺいさん、南北海道レクリエーションクラブの数馬さんの催し、「猿舞座」の猿回しなどが行なわれた。

■柴田函館市長を迎えた第四回フェスティバル

第四回青函連絡船フェスティバルは一九八五年(昭和六〇年)七月七日に行なわれた。初めて連絡船上と万代埠頭の二会場で行なわれ、約三〇〇〇人の市民が参加した。

オープン式には柴田彰函館市長が初めて出席し、「情勢は厳しいが、歴史ある連絡船存続のために市民の力を結集しよう」とあいさつした。また横路孝弘北海道知事のメッセージも紹介された。

正午から、参加者を乗せた十和田丸が万代埠頭—立待岬沖を二度周遊。船内では永六輔さんの軽妙なトークショーや内山徳蔵会の民謡披露などが行なわれ、地元の落語家東家夢助さんやフォークグループ「ムックリ」も登場した。

午後五時からの十和田丸の出港のときには昔懐かしい紙テープ交換が二一年ぶりに復活した。本州四架橋建設で存続問題に揺れる〈宇高連絡船守る会〉からも、初めて八人が参加した。

4　「まつり」で存続を訴える

第四回「連絡船フェスティバル」は、新しい試みに取り組んだ。そのことにもふれておこう。〈連絡船を守る会〉の連絡船フェスティバルは過去三回「十和田丸」を借り切って行なわれた。その後、この画期的なイベントは連絡船の運航を守るだけでなく、船そのものの積極的な活用方法をも創造するものであると会としては考えるようになり、姉妹団体である〈あお船の会〉の協力もあって青函連絡船が文化交流の場ともなってゆく。それは、伊奈かっぺいさん、牧良介さん、山上進さんなど青森で文化活動を行なっている人々を函館に紹介する結果にもなった。

そして第四回フェスティバルでは、連絡船上だけでなく、万代埠頭と連絡船という二会場を使って開催されたのである。これは船と港と市民が一体となった新しい形の「港フェスティバル」となった。今から振り返ればそれは、各種フェスティバルやイベント開催が街の活性化の手法として定着しつつある中でも先駆的なものだったと思う。『Ｔｈｅらしん』の報告を見てみよう。

■『Ｔｈｅらしん』（一八号）一九六八年八月二五日付

船上結婚式が行なわれる

一九八六年（昭和六一年）七月一七日、〈連絡船を守る会〉は函館港万代埠頭と連絡船「十和田丸」を会場に第五回青函連絡船フェスティバルを開催した。万代埠頭ではフォークグループ「手風琴」や地元のロックグループなどのコンサートが行なわれ、さまざまな出店も並んだ。また、一日二回、十和田丸がお客さんを乗せて万代埠頭から函館山の裏側、上磯町当別一キロ沖を巡り、船内では演芸会などが行なわれた。

この第五回フェスティバルでは、共に〈連絡船を守る会〉会員として存続運動をしてきた函館市の会社員中川達生さん（二五歳）と保母の元木弥生さん（二五歳）が船上で結婚式を挙げて盛り上がった。また、このフェスティバルで初めてポシェットやキーホルダーなど連絡船のキャラクター商品を会場で販売し、好評を博した。乗船者一三五〇人、二二の店舗が出店した。五組のグループが歌い、三〇人の若者が踊り、一組のカップルが結婚した嵐の中でのフェスティバルは市民の力で成功した。参加協力してくれた一人一人に心から感謝したい。

木戸浦函館市市長殿へ連絡船からのメッセージ

函館市民の経済・文化を長く支え、さらに街の未来を左右する連絡船存続の市民の声を、市長はこれまでにも増して実現するため奮闘を望みます。第五回連絡船フェスティバル参加者に新市長へのメッセージを募集したところ二三七名からメッセージが寄せられたので一部を紹介します。

第五回フェスティバルメッセージ

○修学旅行に行くのに楽しかった。
○新幹線よりも、連絡船の存続を！　新造船を作れ！
○いつまでもロマンの連絡船を描き続けたい。
○函館の未来に欠かすことのできない青函連絡船を重要視し存続を望みます。
○連絡船は、とても乗るのが楽しいのでなくさないでください。
○閉所恐怖症でも大丈夫、開放的な気分で旅を楽しみましょう。
○私たちの心のふるさと青函連絡船がこれからも走り続けるよう強く要望します。
○連絡船は街のシンボル街の支えだ。私たちの連絡船を残してください！
○赤字を理由に連絡船を廃止することはないと思う。
○青函連絡船は日本の財産です。絶対残してください。
○連絡船は函館の宝です。
○本州と北海道と複数の交通ルートを確保していただきたい。
○青函トンネルと青函連絡船の共存を！
○一日二、三便でもいい。旅のロマンを持っているのですから。
○青函連絡船は安いから。そして広いから。
○海の上を旅するこの楽しい気持ちを、これからの子供たちのためにも。
○連絡船は函館にとって大企業に匹敵するものです。
○連絡船を買って保存しよう。

○船がゆれたり、ドラの音が大好きだから。
○はこだての港から連絡船が消えた日は、はこだての港は終わりです。
○ゆれたり、あそべたりゲームができるので、ぼくは、もっとのりたいです。
○こんなに情緒のある連絡船、五隻は残してほしい。
○電車と船は函館のイメージ・シンボルだ。
○トンネルと連絡船の二つの武器に、函館のよりいっそうの活性化を。
○サアー知恵の出し合いですよ。
○連絡船は函館の「顔」です。
○義理の父が桟橋の掃除をしているのです。
○連絡船お前は市民の仲間だ。
○函館港一二八年の歴史を消すな。
○必ず残そう連絡船、函館港を平和の港に。

横路孝弘北海道知事からのメッセージ

連絡船は、本道経済文化の発展に大きな役割を果たしており、函館市や周辺地域に深い関わりを持ち、観光資源としての位置付けとしても大きなものがあるなど、道民の一人一人の心の中に生き続いており、何とか存続をはかりたいということで、関係方面にその活用方途を要望してきたが、今後も存続について努力を続けたい。

この第五回フェスティバルの翌年に行なわれた第六回フェスティバルが、結果的に最後の〈青函連絡船フェスティバル〉になった。そして最後のフェスティバルが行なわれた一九八六年の一月末、僕は念願の北海道に転勤し、札幌勤務となった。第五回フェスティバル当日、僕は自分の子どもたちを連れて乗船したが、それはあくまでも一般市民としての参加だった。その時はまだ連絡船存続運動を行なう〈守る会〉の一員ではなかったのである。ただの「連絡船大好き親父」として子どもたちにも連絡船を体験させたいと思って参加していたのだ。

5 走らせよう連絡船

第五回フェスティバルが終わってしばらくしてから僕は札幌から函館に転勤し、〈青函連絡船を守る会〉に入ることになった。その一番最初の総会に参加したことも忘れがたいが、第六回目の総会も印象深いものだった。とはいえ、なにぶん三〇年近く前のことなので細かいことは思い出せない。ただ思い起こしてみると、この総会は後のない緊張感に満ちていたことだけはよく覚えている。当時の新聞記事やメモ、機関誌などからその時の様子を再現してみよう。

■第六回総会で買い取りの声

この時——〈連絡船を守る会〉の第六回総会は一九八七年六月一二日、函館市のホテルアカシアで開催された。

総会には市議、国労船舶支部役員を含む会員、非会員約四〇人が出席した。

JR北海道の東条会長の連絡船廃止発言を受けた和泉代表が「国鉄はなくなったが、市民の立場で連絡船を残そう」とあいさつした。事務局からこの一年の経緯が報告された後、奥平忠志事務局長が「東条発言を切り崩すのは至難の業。とりあえず来年九月の青函博終了までは残すことを各方面に要請したい」と述べている。

また、一九八七年(昭和六二年)度の運動方針としては、PR誌の発行のほか、第六回連絡船フェスティバルを八月二九日に開催すること、「夢の青函連絡船」という絵と作文のコンクールを七月に行なうこと、海峡縁日と星空コンサートを八月二二日に青森市で開催することなどを決めた。

その後の議論では、連絡船買い取りのための運動について話し合われた。「このまま座視していて廃止されては悔いが残る。函館市など行政は当てにならない。〈守る会〉の手で連絡船を買い取り残そう」と誰かが提案したが(僕・奥村が発言したと会員はみな思っているが、僕には記憶がない)、国労組合員は「存続することは運航することだと考えている。船だけ残っても意味がない」と発言したりして、さらに論議の場を設けることになった。

こんなふうにして国鉄分割民営化問題から生活を守るため崖っぷち状態であった国鉄労組と市民の間にも活動に対する溝が深まってきていた。一概に「青函連絡船存続」といっても、それぞれの立場で見解は違うのはみんなわかってはいた。しかしそれは想像した以上に厳しい局面であった。

■第六回フェスティバル

第五回青函連絡船フェスティバルの船上で挙式した〈青函連絡船を守る会〉のおしどり会員である中川夫妻が、第六回目の青函連絡船フェスティバル実行委員となった。中川達生さんと弥生さんである。

新聞によれば、二人が交際を始めたのは、達生さんが函館大学、弥生さんが保育専門学校の学生だった一九八〇年（昭和五五年）。達生さんは、〈連絡船を守る会〉の和泉雄三函館大学学長のゼミ生だったことから、弥生さんを引き連れて存続運動に加わり、卒論でも連絡船の交通論を扱ったという。

実行委員会の委員長は歴代一人と決まっていたが、夫婦で共働きにもかかわらず、事務局会議に欠かさず二人で出席する熱心さに先輩たちは心を打たれ、異例の二人委員長になった。二人は、イベントの企画、チケットのデザインから会員の業務の割り当てまですべて取り仕切り、週に一度のペースで、〈守る会〉の事務局、喫茶「タイム」で夜遅くまで仲間と打ち合わせを重ねた。

■最後の青函連絡船フェスティバル

そんなおしどり実行委員の頑張りもあり、一九八七年八月二九日に行なわれた第六回青函連絡船フェスティバルも大成功であった。最後のフェスティバルとなりそうとあって、前売り券の発売はかつてないほどの盛況ぶりで、前景気は上々だった。この夏のＪＲ函館支店によるフィーバーぶりと同様、フェスティバルの方も異常なほどの人気であった。事前にチケットを買った人数は九〇〇人ほどで、事務局の喫茶店「タイム」の電話は参加希望者からの予約で鳴りっ放しだった。

また、この年は目玉タレントを呼んでおらず、いわば連絡船愛好者だけが乗船する内容とした。船内では「語らいの広場」で事務局長の奥平忠志氏が存続方策を提案した。また、フォークグループ「ムックリ」などが出演する「民謡とフォークソングの広場」や盆踊りなどの「踊りの広場」、子供向けの「こども映画とビデオの広場」などが船内に設けられた。

連絡船フェスティバルは、この第六回が最後となった。僕も一市民として参加させていただいたが、青函連絡船に対する熱い思いを多くの人が持っていることが伝わってきた。乗船者には連絡船に対するそれぞれの違った想い出があっただろう。しかし共通していたのは、海が好きで、連絡船が好きで、函館が好き、ということだった。そんな函館の連絡船にもう二度と乗ることはできない。その悲しみを誰もが感じ、誰もが言葉にできない思いを持っていたのではないだろうか。

第五章　連絡船LOVE&ラブ

1　LOVEコール&ラブコンサート

最後の連絡船フェスティバルが行なわれた一九八六年（昭和六一年）から時間を三年ほど戻して、一九八三年の青森との交流について記しておきたい。まずは次のようなメッセージから始めよう。

■あおもりからのメッセージ

私たちの街から、連絡船の姿が消え去ろうとしている。トンネルと引換えに――。

一度は通ってみたいトンネルではあるが、常に不安が残る。天候に左右されない道というが、地震の予知技術はいまだ完成されていない。果たして、本州と北海道を結ぶ大動脈として、空と海底だけでよいのだろうか。道を太くすることがあっても、細くしてはならない。

青函の街とともに歩み、経済はいうに及ばず、私たちの生活と文化に深くかかわってきた連絡船、先人の灯《ともしび》を誰が消せよう。連絡船は街の一部であり財産である。

これほどのシンボルがありえようか。連絡船が、海から、そして街から消えた姿を想像できようか。私たちの心深くしみ込んでいるものを、消してはならない。今こそ、私たちの意思を示さなければならない。

近年とみに盛んな各地の街づくり、村おこしの運動は、住民の側からの視点を回復し、その地域の潜在的な資源(物的・人的)としての力を引き出そうとする内発的な試みであり、このことなくして地域の再生もまたありえないということを物語っている。

これまでの計画行政は、地域より中央に、生活より生産に、空間の血肉より骨格にかたより、地域が持ち続けた生活空間、社会、文化のストップに依存し、消費してきたからにほかならない。連絡船は青函両市にとって、まさに資源そのものであり、地域の潜在的な力を高め、街としてのイメージを高めていくものである。地域にとって欠くことのできない、地域の姿を見ずして国としての発展もありえない。

このメッセージは一九八三年(昭和五八年)六月一八日、青森文化会館で開催された〈あお船の会〉主催の「連絡船LOVEコール&ラブコンアート」で発表されたものである。このイベントには約五〇〇名が参加した。函館からは〈連絡船を守る会〉の坂本事務局長、《心なごむ連絡船》を発表したばかりのフォークグループ「ムックリ」ほか有志数名が参加した。

当日は、伊奈かっぺいさん作詞の《連絡船の唄》が発表された。また永六輔さんの口演や牧良介さんの朗読、連絡船に関するクイズなどが行なわれた。参加者は若者が多く青森での連絡船存続運動の盛り上がりを感じさせるイベントとなった。その青森側からの熱いラブコールに函館側もこたえた。

■函館でもラブコンサート

〈連絡船を守る会〉の笠間昭三氏は「日本フィルハーモニー交響楽団」との連帯で連絡船存続運動と国鉄・函館ドック労働者へ対するさまざまな支援・応援を「連絡船ラブコンサート」と一本化して行なうことにした。

この「日本フィルを支援する運動」と「青函連絡船存続」や「ドックの労働者」の支援が一つになった「連絡船ラブコンサート」は新聞や機関誌で何度も報道された。その様子を紹介したい。

一九八三年七月八日に開催された「日本フィルハーモニー交響楽団弦楽四重奏団による連絡船ラブコンサート」は、モーツァルトの「アイネ・クライネ・ナハトムジーク」の演奏が終わると、チェロの高木雄司さんが「私たちも一二年前、全員が解雇、解散させられた。連絡船も赤字だ、もうからないからと廃止していいのだろうか。私たちもできるだけ函館市民の力になっていきたい」と言った。会場から大きな拍手が沸き上がった。客席の市民も発言し、さらにフォークグループ「ムックリ」の《心なごむ連絡船》を会場のみんなで何回も合唱した。

2　連絡船に対する市の動き

この頃は〈連絡船を守る会〉が発足してまる二年が経過していた。その頃、ようやく函館市も動き出した。行政が動くのには大変な時間がかかっている。これまで開催したシンポジウムなどから考えても、函館市における経済の問題から考えても、それまでは青函連絡船の廃止が市にとって「大問題」だという認識がなかったのではないかと思える。

少なくとも函館の経済界はこの頃も静かであった。その後、函館市が中心になって新しい組織を形成していくが、この街をどう後世に残していくのか具体的なビジョンや哲学があったとはどうしても思えない。

■函館市も連絡船存続へ結束

青函連絡船存続運動が〈守る会〉だけではなく、いよいよ函館市などを含めて大きな組織として動き出すこととなった。そのことにふれておこう。

函館市の市民を交えた組織が発足するのは一九八三年（昭和五八年）九月だった。学識経験者などによる専門委員会を設けて、連絡船を存続させるべき理論的根拠、そのための戦略などを練ってもらうことになったのだ。柴田函館市長が七月の市議会本会議で「連絡船は国民全体の財産で青函トンネルが完成しても、もう一本の輸送動脈として存続させるべきだ」と答弁したことから始まった。

そして青函連絡船存続へ向けた「青函連絡船の存続を推進する協議会」が一九八三年一〇月二七

日に設置された。柴田市長が存続運動の先頭にたって、当面、国などに対する要望活動のほか、長期的視点に立った具体的存続案も検討することになった。

組織のメンバーは、市、市議会、函館商工会議所や文化団体、農漁協、学識経験者のほか、渡島、桧山管内町議会など三六団体と個人、それにこれまで独自の活動を続けてきた〈連絡船を守る会〉も参加することになり、渡島、桧山を巻き込んだ官民一体の幅広い組織となった。ここから青函連絡船の存続をめぐる運動は大きく変化してゆくことになるのである。

3 連絡船に対する国の考え

一時期、お笑い芸人やコント集団が「国に殺される」というジョークをよく言っていた。実際、大和朝廷以来どれほどの民がお上(国)に殺されてきたか。近代になった明治以降も同じであり、そうした流れは昭和になっても平成になっても本質的には変わらないのかもしれない。「国鉄分割民営化」という美名のもとに国が国鉄職員を殺そうとし、実際多くの人たちを死に追いやっていったのだ。

僕の国鉄職員の同級生もこの「国鉄改革」の渦のなか、北海道から東京へ行くことになった。その結果、心身ともにガタガタにされて還暦を前にして死んだ。

その全ての責任は「国家」にあると僕は今も思っている。しかし国の責任者はけっして責任を取らない。責任者は平然としている。「国に殺される」が古代から現在まで変わることなく続いている。なかでも北海道の「国内植民地」としての扱いは今も変わらない。その構図のなかに「青函連絡船存続問題」もあると僕は思っている。

■運輸大臣が青函連絡船廃止を明言

一九八四年（昭和五九年）の二月になってすぐ、新聞に驚くような記事が載った。「連絡船存続運動」には決定的ともいえる国からの最終通告である。

〈青函トンネル工事視察のため一日朝、空路函館入りした細田運輸相は函館空港で記者会見し「トンネル開業時に、青函連絡船は廃止するのは既定方針だ」と連絡船廃止の方針を言明した。〉

青函連絡船問題では一九八〇年（昭和五五年）一月に当時の津崎運輸相が「連絡船は青函トンネル開業後、全廃せざるを得ない」と発言したことがあるが、地元函館の猛反発を招き、その後全廃発言を撤回していた。その翌年九月には運輸省がトンネル開業予定時の六〇年度に連絡船はすべて廃止する方針と述べたことがあるが、現職の運輸大臣が明確に連絡船全廃と言ったのは初めてだった。

その「青函連絡船廃止」の記事に多くの函館市民がショックを受けた。

入院している柴田函館市長に代わって吉田助役は「廃止の方向にあることは陳情などを通じて聞いていたが、厳しさを再確認させられた」と言いながらも「関門海峡に七本のルートがある通り津軽海峡にも複数のパイプが必要だ。トンネルが採算とは別というなら、それは連絡船も同じことではないか」と述べて引き続き存続運動に市として取り組んでいくことを強調した。

また、昨年連絡船の存続を願って作曲した《心なごむ連絡船》を歌うフォークグループ「ムックリ」の横内さんは「連絡船全廃なんてとんでもない話。今後はなおさら連絡船の歌を歌っていかなくては」と話し、国労青函地本の小南書記長は「けしからん」「トンネルの開通時期や使用方法、安全性などまだみんな不明確なのに連絡船廃止だけを決行させるのは大臣として無責任発言だ」と怒ったという。

そんな状況の中でも存続のためにできることはきっとあるはずだ、最後の最後まであきらめないのが市民運動だと僕らは思っていた。

4 全道行動キャンペーン

■札幌キャンペーン

青函トンネルの本坑貫通を三月一〇日に控えた一九八四年の初頭、僕らはこの年が連絡船保存運動にとって正念場となる年であることがわかっていた。一九八三年末から東北新幹線の函館までの延長議論が浮上し、連絡船をめぐる情勢は極めてすでに厳しいものだったからだ。そして実際、連絡船存続運動にとってまさに正念場といえる年となった。

〈連絡船を守る会〉では、一九八三年一〇月の〈連絡船存続キャンペーン東京行動〉の成功に自信を持ち、さらに運動の輪を北海道全体に広げるため、その年の四月中旬をメドに札幌で東京と同様にキャンペーンをすることを決定していた。そのキャンペーンで、過去三回の連絡船フェスティバルに出演してくれて地元青森でも〈あお船の会〉で青函連絡船存続運動をしている伊奈かっぺいさんと牧良介さんを迎えてコンサートをすることになった。

伊奈かっぺいさんは青森でマルチタレントとして有名だが、函館ではあまりその活躍ぶりが知られていなかった。牧良介さんは一九年間勤めた法務局を退職して、青森における演劇・音楽・舞踊の登竜門として知られる「だびよん劇場」という芝居小屋を主宰しながら自らも演劇活動をしていた。そんな二人を迎えて札幌でコンサートができることがうれしかった。青函連絡船存続運動の活性化にもなるし、なにより青函の文化交流にもなると思った。二人は札幌キャンペーンでのコンサートの出演料のほとんどを札幌行動の費用にカンパしてくれた。

■全道キャンペーンの開始

一九八四年五月三一日、札幌行動キャンペーンのキャラバン隊は函館駅前の拓銀ビルで出発式を行ない、札幌に向けて出発した。六月一日の午前に横路孝弘北海道知事や道議会を訪れて連絡船存続を陳情するほか、三日間の日程で大通公園での街頭行動や署名活動を行なうのである。

キャラバン隊は四台の車で国道を札幌に向かい、途中、長万部駅前や洞爺湖温泉街でも連絡船存続を市民にアピールした。

結果から言えば、札幌行動キャンペーンで何かが動いたということはなかった。厳しい状況は変わらなかったのだが、〈連絡船を守る会〉会員の中では当時、会長をはじめメンバーのすべてが「できることは何でもやる」という考えで一致していたのだ。

■再び頑張れドック

札幌行動のすぐあとの七月五日、青函連絡船廃止で大打撃をうける函館ドックに対して支援コンサート「ガンバレ函館ドック、守ろう連絡船——日本フィル・イブニングコンサート」が開催された。主催は日本フィル、〈連絡船を守る会〉、〈函館ドック労働者と連帯する市民の会〉。日本フィルハーモニー交響楽団は、全国各地で「市民とともに歩むオーケストラ運動」を展開していた。函館では前年の七月に公民館で「連絡船ＬＯＶＥコンサート」を開いたのに続き、九月にも函館ドック造船所構内で「春闘と反合理化闘争を続ける労働者を激励する演奏集会」を開いていたが、この時も快く公演を引き受けてくれた。

僕は思うのだが、この頃、函館最大の企業といえる函館ドックの厳しい状況を、行政はじめ一般市民はどのようにとらえていただろうか。自分自身を省みても、こうしたことはなかなか自分の問題としてとらえることは難しかったと思う。しかしだからといってそれを容認してしまえば、まわりまわって自分の生活や地方都市の衰退につながることだけは確かなように思えた。

その頃の『Ｔｈｅらしん』を見てみよう。

■『Ｔｈｅらしん』（一三号）一九八四年一二月一一日付

——ニルートの確保に向けて

一九八四年(昭和五九年)一二月三日、函館市役所会議室で「青函連絡船の存続を推進する協議会」が開かれた。この年から協議会には函館私学振興協会、函館市体育協会など六団体が加入し、メンバーは、三個人、三八団体となっていた。

会議では代表である函館市長の挨拶のあと、経過報告と青函連絡船存続の基本的考え方と、存続にあたっての具体的利用法についての案を承認した。新聞によれば、その基本的な考え方としては、北海道は国土の発展上、積極的な役割を果たすことが期待されている。そのため輸送体制の強化が重要であり、また函館地域にとっては連絡船が廃止にでもなれば経済的、社会的影響が大きいことから、青函トンネルと青函連絡船という二つのルートを国策として確保するべきである、ということが確認された。

また、そのための具体的な方策としては(1)北東北、南北海道の地域間旅客輸送、(2)観光的利用、(3)修学旅行等文教的利用、(4)危険物貨物等の輸送確保、(5)今後需要の増大が予期される東北継貫道の完成等で自動車航送への対処、を挙げている。

協議会に参加した〈連絡船を守る会〉としては、今後のフェスティバルや署名行動への協力を協議会に要請した。

連絡船LOVEコンサート

一九八五年三月四日、函館の〈連絡船を守る会〉は、青森の人気タレント伊奈かっぺいさんらを迎え「連絡船LOVEコンサート」を函館市公民館で開催することを決めた。若いメンバーが実行委員会をつくって準備に走り回った。「連絡船LOVEコンサート」の〈LOVE〉とは、青森側からのメッセージである。このコンサートには、連絡船存続運動を盛り上げる目的と共に、札幌で全道向けのキャンペーンを実施するための資金集めの目的もあった。

〈あお船の会〉のメンバーである伊奈かっぺいさんらは、第一回から三回の連絡船フェスティバルにも出演、存続をアピールしてきた連絡船のファンだが、この時も歌と軽妙な語りで連絡船の魅力と青函市民の交流を訴えてくれた。

5 東京行動キャンペーン

■『Theらしん』（一五号）一九八五年一二月二四日付

「第一回東京行動」における街頭行動

〈連絡船を守る会〉はそれまで函館市内で存続運動を行なってきたが、運動を全国的に広げるためと政府や中央の政治家等に存続の必要性を訴えるための東京での行動をすることにした。東京では、街頭での宣伝、署名活動、政府、運輸省、国鉄への陳情、自民、社会両党議員への陳情が行なわれ、それぞれの成果を得たといえる

東京における街頭宣伝と署名運動は、一〇月二六日の銀座・有楽町、二七日の新宿・渋谷の三カ所で行なわれた。街頭宣伝は、用意した連絡船のイラスト絵葉書の入った存続を訴えるパンフの配布、宣伝カーによる通行人への呼びかけによる署名運動が行なわれた。用意し

たパンフレットは大雪丸のイラスト入りで、表は「青函連絡船の灯を消すな！」と書かれ内側には、いつまでも津軽海峡に連絡船を！　失われたトンネルの目的！　新造船を建造し連絡船の存続を！　などの主張が印刷されたカバーになっているものだ。

街頭宣伝は、各種の催しが行なわれている都心での活動だけに、都民の関心を集めることは難しいのではないかとの予想に反して、多くの人の関心を集め、三〇〇〇枚用意した存続パンフレットは全部なくなった。宣伝カーの上では「ムックリ」による《心なごむ連絡船》の演奏が行なわれ、アピール文が書かれた風船を子どもたちへプレゼントしたりした。

陳情活動

東京行動では一〇月二六日、和泉雄三代表と奥平事務局長ら会員が、前年夏から青函連絡船の存続を強く主張している作家の川内康範氏と共に、総理官邸、自民党本部、衆議院議員会館を訪問して連絡船存続のための要請文を手渡すなどの陳情活動を行なった。また、国鉄本社と運輸省にも出向き、直接、要請文を手渡した。この時会見した、国鉄・津田常務は「地域経済や従業員の問題など実状は良く分かっているが、国鉄だけで結論は出せない」と言い、運輸省の棚橋審議官は「青函トンネルの完成によって、連絡船の歴史的使命は終る。トンネルは安全であり、莫大な経費をかけたものを放置することはできない。連絡船は一地方の問題として考えている」と運輸省の考えを述べた。これに対し〈連絡船を守る会〉は、トンネルの安全問題やトンネルの着工時には、連絡船の廃止は表明されていなかったことを訴えた。

二七日は、福田元首相、藤尾政調会長、加藤六月、三塚議員と会見、要請文を手渡した。

第二回の東京行動

第二回目の東京行動は一九八六年（昭和六一年）七月二五日に行なわれた。

柴田彰前函館市長を先頭とする、函館市議会議長、函館市議、青函連絡船存続推進協議会会員ら一四名が、国鉄本社、各党運輸関係議員、地元代議士に対して陳情を行ない、「国鉄青函連絡船の存続運航に関する陳情書」を手渡した。

後に運輸大臣に就任した三塚博代議士は「青函連絡船を廃止した場合の函館への影響は理解でき、函館を基地とする研修船団等を考慮する」と言った。

■『Theらしん』（一九号）一九八六年八月二五日付

第三回東京行動――連絡船で「函館フェア」

第二回の東京行動から一カ月後の八月二五日から二九日にかけて第三回目の東京行動が行なわれた。青函連絡船「十和田丸」で東京に行った。青函連絡船の多目的利用を推進する青函連絡船「函館フェア」が行なわれていたので〈連絡船を守る会〉は、これに参加したのである。

「函館フェア」は、函館市、函館観光協会、函館物産協会、青函連絡船の存続を推進する協議会の主催で行なわれ〈守る会〉は実行委員として参加した。フェアの事業内容は、観光宣伝事業、物産観光事業、連絡船活用宣伝事業で、昨年以降の連絡船の廃止への動きが強まる中、連絡船を、首都圏に着岸、連絡船の存続を訴えようという声が実現したものであった。

日程は八月二五日午後九時、函館港を出港し、二六日は船内で〈連絡船を語る会〉〈うま

いものパーティー〉を行ないながら航行し、二七日八時に東京晴海埠頭に着岸するというものだった。二七日には、都内で連絡船のチラシ、絵はがき等を配布し、連絡船のPRを行なうとともに、関係機関に要請活動を行なった。

船内の「函館フェア」には、東京都内、近県から連絡船を見ようと二〇〇〇人以上の人々が来船した。三五五人の来船者が、連絡船存続の署名をし、一〇七名の人たちから次のようなメッセージが寄せられた。連絡船存続への熱いラブコールであった。

○青函トンネルができても、連絡船の三倍の料金になるのは反対。遠藤堂太(世田谷区)

○僕は昔、北海道に住んでいたので連絡船の重要性はわかる。西条明(三鷹市)

○私が帰郷するたびに乗る連絡船存続をお願いします。上田篤(品川区)

○海に囲まれた日本には、いつの時でも船は必要。今井幹二（世田谷区）
○存続運動を、いつまでも、がんばってほしい。安藤敬（練馬区）
○青函連絡船は、いつまでも運航してほしい。間井恒子（町田市）
○青函連絡船を目当てで、北海道に行く人もたくさんいます。清水広（大田区）
○どうかいつまでも連絡船を運航させて下さい。赤堀高子（横浜市）
○函館に行くために必要です。はっきり言ってトンネルはいらない。遠藤孝（板橋区）
○津軽海峡の船旅はトンネルでは味わえません。佐藤信昭（品川区）
○連絡船ＰＲをもっとしてほしい東京では名前が薄い。林一俊（練馬区）
○夢を運ぶ連絡船をいつまでも運航させてください。田中文彦（江戸川区）
○北海道旅行の中に、連絡船を入れてください。煙山千代（目黒区）
○元青森営林局勤務、連絡船の汽笛は時計がわり。山下英明（横浜市）
○トンネル開通後も、連絡船を残してください。真壁洋（町田市）
○故郷を思うとき必ず浮かぶのは連絡船のことです。上田節子（品川区）
○連絡船は単に交通手段ではなく日本の文化です。大福広和（西多摩郡）
○まだ乗っていませんので、ぜひ乗りに行きます。島崎スミ子（江東区）
○連絡船がなくなったら、北海道には行きません。渡辺徹也（台東区）
○どうか今までどおり青函連絡船を残してください。本田とみ子（目黒区）
○五三年春十和田丸で帰郷しました。愛着があります。東史（品川区）

○今までどおり、連絡船は人の足として存続を望む。市村和広(千葉県)
○情緒あふれる船の旅がいちばん。堂ヶ沢博(豊島区)
○カミサンが函館出身、結婚前はよく利用したものです。河本(府中市)
○北海道には連絡船に乗って行きたいと思っている。笠井祐子(墨田区)
○連絡船が大好きなので、子供たちも大喜びでした。宮下知子(千葉県)
○「青函連絡船が、大好きでーす！ ナクサナイで」宮下尚子(千葉県)
○高校の修学旅行で十和田丸に乗った二〇年前です。針生実(渋谷区)
○鉄道も連絡船も大好き、これからも希望です。高橋一夫(渋谷区)
○私は活用の仕方次第、努力次第で残せると思います。金子栄(杉並区)
○函館独自の文化を、もっと全国に広めてください。朝鍋光和(世田谷区)
○スピードより情緒、何度も利用したい連絡船の存続を。ＮＫ(新宿区)
○青函トンネルができても連絡船が一番です。西沢龍平(世田谷区)
○絵葉書を持っています。船の方が気持いい。高橋利幸(大田区)
○Ｔシャツ、記念に買いました。着て歩きます。黒川道子(新宿区)
○旅の情緒豊かな連絡船をいつまでも就航させて。大沢健一(埼玉県)
○連絡船が好きで九回も乗りました。北海道へは連絡船が一番。飯塚玲子(世田谷区)
○学生時代より連絡船にお世話になっています。太田純也(世田谷区)
○両親が北海道出身ですこの船はぜひ残ってほしいと願っています。小田修市(足立区)

○夏休みわざわざ連絡船に乗船、まだ使えそうです。伊東洋輔（府中市）
○ふるさと函館に帰郷のときは必ず連絡船を利用します。若林弘子（青葉町）
○北海道に友人がおり、時々連絡船に乗船しました。志村利雄（浦和市）
○伝統ある連絡船を、いつまでも残してください。島泉和雄（大田区）
○飛行機で行く北海道は北海道ではない。「万歳！」諸爪二郎（座間市）
○国鉄だけの問題ではない国民のため必ず残して。富田秀太郎（江東区）
○本州と北海道を結ぶ船旅行を永く残してください。川崎節子（中央区）
○四三年夏、学生時代最後の旅で十和田丸に乗船。増村肇（荒川区）
○バイクで北海道を走ってみたいのでナクサナイで。中田誠司（荒川区）
○連絡船の廃止は、海を失うことを意味する。岩瀬智久（世田谷区）
○のってみたい。赤尾太陽（世田谷区）
○「青函連絡船・絶対存続！」福田肇（鎌倉市）
○初めて実物の連絡船を見た。なぜ廃止するのですか？　花久（保谷市）
○とても良い見学をさせて頂きました。ぜひ乗ります。岡沢正子（新宿区）
○連絡船は、絶対存続すべき。川村恭平（北区）
○連絡船はとってもかっこよかった、こわさないで。嶋田正樹（千葉県）
○これからも思い出をのせて、がんばってください。渡辺和彦（横浜市）
○青函連絡船は「北海道の旅の序曲」です。北海道へは連絡船にかぎる。関隆彦（千葉県）

○島国です交通動脈は複数必要。連絡船は日本の宝。三浦正義（浦和市）
○連絡船は何度も乗りました。このまま残してください。能登昭八（北区）
○情緒あふれる連絡船をぜひ存続させてください。梅田富美子（世田谷区）

第六章　歌の生まれる街

1　市民の手でレコードを

連絡船存続運動では様々な場面で歌が歌われた。そうした歌の誕生を紹介した記事が残っているのでその概要を書いておこう。

■函館を唄った歌のレコード化

一九八二年（昭和五七年）一月、フォークグループ「ムックリ」によるレコード製作記念コンサートが市民会館小ホールで開かれた。曲名は《この子らにはこだてを》。一〇年以上にわたって函館で活動を続けてきたフォークグループ「ムックリ」（四人）のリーダーで、市職員の横内輝美さん（三五歳）が作曲、妻ふさ子さん（三七歳）が作詞した。

「ムックリ」は全国各地で歌い継がれてきた歌を掘り起こし、小さな集会や結婚式などで歌い続けてきた。横内さんはさまざまな函館の市民運動に接する中で真剣に函館の将来を考える人々の情熱に打たれ歌を作り上げた。その後、青函連絡船存続運動などの市民集会での演奏が反響を呼び、「ぜひこの歌をレコードに」という声が上がった。「函館のレコードを創る会」（清藤真知子会長）が結成され、多くの市民の協力によってレコード化することができた。

歌には巴の港やハリストス正教会、四稜郭など函館の名所旧跡が織り込まれ、明るいメロディーなので親しみやすい。ジャケットの絵は市立本通北中教諭、佐野忠男さん、タイトルは同旭中学校教諭、児玉栄凱さんが描いた。裏面には一〇年前に尻岸内中の生徒三人が作詞、横内さんが作曲した《おとうの船》が挿入された。レコードは一人でも多くの人に聴いてもらいたいという願いを込めて著作権登録はしない。《この子らにはこだてを》の歌詞は次のようなものだ。

「この子らにはこだてを」

作詞　横内ふさ子

作曲　横内輝美

一、夢いだきトモエの港
ドラの音に見あげれば
建ち並ぶレンガ塀《べい》
釣り糸たれる子どもたち

立ち止まりそして歩く
船出の碑《いしぶみ》

この街で働くあなた
おいで一緒に話さないか
はこだての街と歴史を
この子らに残したい

二、傷ついてガンガン寺の
鐘の音に目を落とせば
はるか続く石畳
群れあそぶ子どもたち
立ち止まりそして歩く
詩の坂道

この街で働くあなた
おいで一緒に話さないか
はこだての街と歴史を

この子らに残したい

三、いにしえの戦のにわに
桜舞うお堀りばた
遠く望む四稜郭
かけまわる子どもたち
立ち止まりそして歩く
星の城跡

この街で働くあなた
おいで一緒に話さないか
はこだての街と歴史を
この子らに残したい

《この子らにはこだてを》と《心なごむ連絡船》という二つの歌は〈青函連絡船を守る会〉にとって特別な歌だった。様々な活動の様々な場面でよく歌われた。どちらも会員の横内夫妻フォークグループ「ムックリ」によって演奏された。当時の二人は新聞の取材に対して次のように語っている。

「今年はものすごく忙しい年でした。収穫があり過ぎて、ちょっぴり消化不良気味です。六月二〇日の〈連絡船フェスティバル〉の準備に始まり、フェスティバル当日はロックの健康的なサウンドに衝撃を受け〝ロックと一緒に音楽やコンサートづくりができる〟ことを勉強しました。また〝原爆の図〟展では、みんなで協力してイベントをつくり上げる楽しさや、難しさを改めて知り、新しい仲間もたくさんできました。さらに夢にも思わなかった自分たちのレコードが出来、テレビや新聞にも取り上げられ、意外な反響にびっくりしています」(横内輝美さん)

「私も、口伝えでいいから、いつまでも残る歌であってほしい、と願っていたので、本当に戸惑ってしまい、振り回されました。でも、〝原爆の図〟展期間中の七月三〇日に私の母が死に、放心状態だった時に、奇しくもこのレコードの話しが出て、その中で自分は〝生きている〟のではなく、〝生かされている〟という実感をつかみ、自信を取り戻すことができました」(横内ふさ子さん)

「今回のレコードは音楽的にはまだ不十分な点がたくさんあるが、函館でこれだけのものができる、とわかり、他の人にも多少努力すればできる、ということを実証できたのが良かったのでは……。いろいろな批判も耳にしますが、素人なので〝むしろアマチュアらしい〟といわれる方がうれしいです。僕はフォークを通じて、函館に住んでいるお互いの心が通い合えれば、と思っています。だから、歌う心を知ってもらえば最高です」(横内輝美さん)

「レコードは一二〇〇枚以上売れたようですが、このレコードで失われつつある函館の情緒や魅力が残されて、子供たちへ伝えられるなら幸いです。作詞の時は始めてだったこともあって、横内と夜中の三時まで論争をしたこともあり、悪戦苦闘の連続でした。東京に住む函館出身の青年が〝この歌を聴いて生きてゆく励みになった〟ということを聞き、うれしくと同時に、そんなに値打ちがあるのかな、と何か恥ずかしくもなります」（横内ふさ子さん）

「今年はとにかく忙しくて、自分らしさが失われるのでは、と心配でした。いまも気がむけば、詩を書いていますが、逆に何となく臆病になってしまいました」（横内ふさ子さん）

「僕も来年は元の自分に戻り、ミニコンサート中心の活動を地道に続けていくつもりです。そして、もっと地域に根ざしたフォークをたくさんつくり、歌いたい」（横内輝美さん）

「この歌に手話を付ける話しが進んでいますが、私は看護婦時代に手話を習ったこともあるから、ぜひ実現してほしいと思っています。いずれにせよ、消えゆくものをいつまでも伝えたい――という〝ムックリ〟の名前に恥じない生き方をおたがい続けたいわネ」（横内ふさ子さん）

2　連絡船の歌が生まれる

函館でレコードを作るということは当時どれほど大変であったか、今となっては想像もつかないことだ。当時僕もまだ千葉で生活していたので、その大変さは後の新聞記事で知った。その後発表された《心なごむ連絡船》は、連絡船を守る市民運動の中から生まれた。この街と連絡船ををこよなく愛した素敵な歌だ。

この歌が生まれたことで、存続運動にも大きな力が注ぎ込まれたように思える。

■『Theらしん』（一〇号）一九八三年一一月一九日付

《心なごむ連絡船》《海に降る雪》レコード化

〈青函連絡船フェスティバル〉で歌われた《心なごむ連絡船》と《海に降る雪》のレコード化が〈守る会〉と〈あお船の会〉によって自主制作される。

《心なごむ連絡船》は〈守る会〉会員の横内ふさ子さんが作詞、横内輝美さんが作曲した歌で、フォークグループ「ムックリ」が歌い、連絡船フェスティバルで発表した。

フェスティバルでは「ムックリ」のコンサートで歌われ、観客である乗船した人たちも合唱し、次第に市民のなじみの歌になってきている。

また、《海に降る雪》は伊奈かっぺい氏作詞、田中耕一氏作曲で、六月一八日青森で開かれた「連絡船ＬＯＶＥコール」で《連絡船の歌》の題で発表された。現在は《海に降る雪》と改題され、曲もさらに編曲されてレコード化されている。

「心なごむ連絡船」

作詞　横内ふさ子
作曲　横内輝美
歌　　ムックリ

一、果てしない海　船はゆりかご
旅にはずむ私の心を乗せて
ほほえむ臥牛の山
津軽海峡かもめ舞い　心なごむ船の旅
まるで青がとけこむ　海のスクリーン

れんらくせんは街のシンボル
街のささえ
十和田丸よ走り続けておくれ
ぬくもり乗せて

二、夕陽落ちて　きらめく漁火
泣き顔の私を乗せて
ほほえむ臥牛の山
津軽海峡星あふれ　心なごむ船の旅
まるでおとぎの国　海のファンタジー

れんらくせんは街のシンボル

街のささえ
摩周丸よ走り続けておくれ
ぬくもり乗せて

三、朝陽浴びて　散る白い泡
胸ふくらむ私を乗せて
ほほえむ臥牛の山
津軽海峡イルカはね　心なごむ船の旅
まるでひと筆だけ　海のキャンバス

れんらくせんは街のシンボル
街のささえ
石狩丸よ走り続けておくれ
ぬくもり乗せて
れんらくせんは街のシンボル
街のささえ
れんらくせんよ走り続けておくれ
ぬくもり乗せて

3　いろいろな連絡船の歌

■ああ故郷をむすぶ連絡船／函館トロイカ合唱団

青函連絡船を守る市民運動が高まっている中でつぎつぎに歌が生まれた。そのうちのさらに二つを紹介しておきたい。

ひとつは函館トロイカ合唱団（石黒良治団長）の作った《ああ故郷むすぶ連絡船》で、一九八三年一一月に行なわれた函館市民会館での合唱団定期演奏会で発表された。

トロイカ合唱団は一九五二年（昭和二七年）の発足で、音楽や発表会、うたごえ喫茶など地域の中で多彩な活動を行なっている。連絡船が次々と減船になっていく現状を憂い、この歌を団員みんなで作ったという。

「ああ故郷をむすぶ連絡船」

作詞・作曲　トロイカ合唱団

ドラの音が朝をつげ

出船と共にその日が始まる
比羅夫の昔より街をささえ
喜びかなしみロマンを乗せて
ああ故郷をむすぶ連絡船

おいらは船に生き
街をつなぎ夢をはこんできた
けれど今では時代の波が
海峡を遠くさせてゆく
ああ故郷をむすぶ連絡船

今日もまた荒波こえて
ひたすら進む雄大な姿
街を愛し船を愛し
多くの人のわきおこる叫び
ああ故郷をむすぶ連絡船

うばわないでほしい

みんなのささえ
うばわないでほしい
街のささえ
ああ永遠に永遠に
連絡船

函館トロイカ合唱団の作った《ああ故郷むすぶ連絡船》のほかに、演歌調の歌も作られた。次の《風雪津軽海峡連絡船》は函館の市民が作った歌。

「風雪津軽海峡連絡船」
作詞　佐藤徳蔵
作曲　南康夫

北風逆巻《さかま》く津軽の海峡《うみ》を
連絡船《おれ》がやらなきゃ誰がやる
人に運命《さだめ》があったとて
連絡船《おれ》は航行《のこ》るぞ
あー津軽海峡摩周丸　あー津軽海峡大雪丸

末欄つきない津軽の海峡《うみ》を
渦巻く風雪《あらし》のりこえて
耐えて耐えぬき航行《はしっ》たのに
国のさだめとかたばらず
連絡船《おれ》は航行《のこ》るぞ
あー津軽海峡羊蹄丸　あー津軽海峡八甲田丸

思いつきない津軽の海峡《うみ》を
葛登支岬も竜飛の岬も
果かない夢と消えてゆく
全国民《みんな》の力で遣そうよ
連絡船《おれ》は航行《のこ》るぞ
あー津軽海峡十和田丸　あー津軽海峡石狩丸

第七章　街づくりと連絡船存続

1　連絡船で市民交流

一九八二年（昭和五七年）六月、〈青函連絡船を守る会〉を立ち上げたひとりでもある会員の田尻聡子さんは新聞の取材に対して次のようなことを言っている。

「国の都合で動脈を太くし、必要がなくなったからと、今度は廃止しようとする。随分勝手といいたい」

「ノスタルジーだけで連絡船は残せないと、国は経済効果だけでものを言っている。でも、いま、失おうとしているものの大切さは、案外ノスタルジーの中にあるかもしれないのです」

ここで僕は、〈青函連絡船を守る会〉が中心となって行なわれた連絡船存続運動の中で、青函連絡船を残すこととは直接的には関係ないいくつかの〝業績〟についてふれておきたいと思う。最大の業績は、函館と青森の市民の交流が活発になったことだと思う。

一九八二年六月には〈青函子どもの船〉という催しをやっている。〈青函子どもの船〉は函館、青森両市の主催で、対象は小四から中三までの子どもたちと指導者六〇〇人ずつ。合計一二〇〇人を乗せた十和田丸が二六日夜に青森側の参加者を乗せて函館港入りし、二七日朝に函館の子どもたちを乗せて青森に向かった。子どもたちは、同日午前中船上に設けられた「子ども広場」で互いに活動の紹介や代表宣言、交換ゲームを行なったほか、船内を見学したりした後、十和田丸は青森港で青森の一行を下ろし、同日夕方に函館港に帰った。

二日間にわたって行なわれた〈青函子どもの船〉は青函連絡船「十和田丸」を借り切り、函館と青森の子どもたちが交流する船上の集いであった。青函トンネルがらみで連絡船の存在が危ぶまれる中、十和田丸が約一二〇〇人の子供たちの歓声を乗せて運航した。函館市教委では「互いになじみ深い連絡船を利用することで、子どもたちの思い出も強く残るはずだ」と話した。

この他にも、さまざまな形で青函連絡船が使われているが、未来を担う子どもたちにとって洋上での思い出がどれほど大きく豊かであるかは、経験した人には理解していただけるものと思う。

■障害者希望の船

これまでも青函連絡船は、青森と函館の航路だけではなく、様々なイベントや研修などに使われてきた。存続運動の中でもそうしたイベントや教育用の船として残せないものかという声も出ていた。

初夏に〈青函子どもの船〉が終わって九月になると、函館市主催の〈第二回障害者希望の船〉が青函連絡船「摩周丸」を使って行なわれた。障害者など約五〇〇人が函館港から矢越、白神岬の沖合を折り返す約四時間の船旅を楽しんだ。この〈希望の船〉は、函館市が国際障害者年にちなんで一九八一年に初めて行ったのだが、障害者や家族から好評だったため、引き続き翌年も実施した。

■函館朝市の打撃

〈青函連絡船を守る会〉代表委員の小鹿杉雄さんは、函館駅前の観光名所〈朝市〉の名物おじさんだ。その小鹿さんが、連絡船と密接なつながりで発展してきた朝市が連絡船の全廃でどうなるのかについて、当時の新聞のインタビューに答えてこんなことを言っている。

「大変な経済的打撃です。朝市は今、四五〇店が営業し一日三～四万人の人出があります。十勝沖地震の時、桟橋がやられて乗船客は列車の函館駅から直接乗降し、そのため桟橋周辺の朝市はどの店も閑古鳥が鳴いていました。連絡船全廃となれば朝市全体の危機になりますよ。連絡船で働く国鉄職員や下請けの人たちが、みな朝市で日用品や食料品を買っている。連絡船が無くなれば国鉄青函局も廃止になり、私たちはやっていけなくなります」

「私も〈守る会〉の代表委員の一人として街頭に立って署名を集めたり、シンポジウムで市民に呼びかけたりしています。ところが、市民に危機感は薄いですね。若い人ほど反応が鈍い。駅前商店街の人たちは、私たちと同じ程度の経済的打撃があるはずなのに運動しない。商工会議所も同じです」

「〈守る会〉が革新と思われていて敬遠しているようだけれど、連絡船が無くなり函館の街が沈没するかどうかという時に保守も革新もありませんよ。青函トンネルに反対はしませんが、そのために連絡船が廃止されるのはたまらないですね」

2　連絡船で学校祭

「連絡船を教育に活かしてはどうか」という意見があることは先にも紹介した。現実的にはどうであろうか。函館が修学旅行先としての人気が高いが、その理由の一つは連絡船で過ごす時間にあると言われている。そうした観点からもう一度連絡船の新たな活用を考えてみるべきかもしれない。

■函館西高の洋上学校祭

一九八三年八月におもしろい試みがなされた。「青函連絡船の上で学校祭を」と函館西高が珍しい〝洋上学校祭〟を実施したのだ。

新聞によればそれは、新校舎になって最初の祭りなので、何か新しい味を出そうと頭をひねった結果で、生徒たちは実行委員会を組織し、生徒会の執行部も加わって夏休み返上で準備したという。使用されたのは「摩周丸」で、午前一一時四五分に函館港を出発、途中函館沖での停泊を含め、恵山まで往復する五時間のコースだった。その間甲板ではロック・フォークのコンサート、船内では運動部対抗のど自慢大会や落語、８ミリ映画の映写会などが行なわれたほか座談会で船長から連絡船の歴史学ぶ講座なども設けられた。

3 函館市も「期成会」結成表明

■『Theらしん』（九号）一九八三年九月七日付

柴田彰函館市長は、七月一三日の市議会本会議で、佐藤清市議の質問に対し、青函連絡船の存続運動を行なう〈期成会〉を組織することを表明した。

青函トンネルの完成をメドに、青函連絡船を廃止することが表明され、青函連絡船が次々に減船されていくのを見て、我々は〈連絡船を守る会〉を発足させ、各種のシンポジウムや、フェスティバル、街頭署名等の活動を行ない、青函連絡船がいかに函館の経済や本州と北海道の交通にとって重要であるか、また連絡船がどれほど青函の市民をはじめ、多くの人に愛されているかを訴えた。

これは、函館市をはじめとする行政機関や大きな団体のこの問題への対応が鈍く市民からの「いても立ってもいられない気持ち」から湧き上った行動でもある。したがって、地方赤字線の廃止問題で、地方首長が存続運動に奔走しているのを見る時、今回の表明は当然のことであり、いかにも遅い決断であるとの感は否めない。しかし、青函連絡船の存続問題には、行政改革、国鉄分割民営化問題などの困難な問題が混在しているなかで大きな運動体が出来ることは存続運動の前進であり、我々の行動の一つの成果でもあると考える。

青函トンネルの完成がさらに遅れることが証明されたが、一方では青函連絡船の老朽化が進んでおり、新造船計画の推進ともからめ期成会の一刻も早い結成と強力な運動の展開を望むものである。

函館市は昨年二月「青函トンネル関連対策委員会」を発足させているが、その成果や行動は発表されておらず組織作りのみで、これから結成するという「期成会」については、市民ぐるみの民主的な運営と、調査、陳情に止まらない活発な活動を期待するものである。また〈守る会〉は、連絡船フェスティバル後の反省会を行なった拡大実行委員会で、これまでの運動の実績を踏まえその「期成会」発足後も、存続運動を続けていくことを確認した。

函館市「存続を推進する協議会」発足

函館市は、一〇月二七日〈青函連絡船の存続を推進する協議会〉（以下「推進協」）を発足させ、総会を開いた。

柴田函館市長は、七月の市議会で連絡船を存続させるための「期成会」を発足させることを表明したが、この日「推進協」の発足ともなった。同協議会のメンバーは、函館市や〈連絡船を守る会〉など三三団体と、大学教授三名の三六名。

この日は、代表世話役に柴田市長、越前函館市議会議長、川田函館商工会議所会頭、野口町会連合会長、鈴木観光協会会長を選出して、理事に函館文化団体協議会、函館地評、函館地区同盟、機械金属造船協会、青年会議所を選出し、一時間程度で閉会した。

函館市行政による青函連絡船の存続運動を行う組織として発足されたものであるが、既に青函連絡船の減船が進み、新造船の計画もないまま青函連絡船の耐用年限が迫っており、一刻も早く具体的な存続運動を行なうことが望まれる。

■市・財界は強力な運動を／川内康範

函館出身の作家・川内康範氏は、函館市長や北海道知事を訪れ青函連絡船の存在を訴えるなど〈連絡船を守る会〉の助っ人的存在となっていた。新聞によれば、川内氏は次のようなことを語った。

「私は、津軽海峡にとって、青函連絡船の存続は重要なことであり、青函トンネルが完成してもなくしてはならないと思い、函館の出身であるが、日本的な観点に立って存続を説いている。函館市長や、道知事をはじめ、上京の際は首相や、元首相らとも会って、青函連絡船の存続を訴えた。青函トンネルについての関心は強いが、青函連絡船の耐用年限が迫っていることなどについては驚いており、それほど逼迫した問題とは思っていなかったようだ。

この結果、二階堂自民党幹事長が、自民党首脳として、青函連絡船は存続させる必要がある旨の発表を行なったが、個人的な見解でなく、政府内で了解の上のことだ。私が存続を訴えてから、意外に早く反応があったが、もし聞き入れられなかったら断食をしてでも存続させる覚悟でいた。

函館市の行政や、影響の大きい商工会議所などの経済人はムシロ旗でも立てて国会に座りこんででも存続を訴えるべきだ。今後、新造船計画の問題になるだろうが、地元の函館ドックがプランを持っていないようでは立遅れている。これからも、政府や各方面に働きかけていく」

4　新体制で連絡船存続運動

■二代目事務局長・奥平忠志さん

〈青函連絡船を守る会〉第二代目事務局長に就任した奥平忠志さんは、あらゆる面で運動の中心であった。マスコミに取り上げられた〈守る会〉のコメントのほとんどは奥平さんであったと記憶している。たとえば次のようなコメントである。

「青函連絡船廃止というのは函館にとって、函館ドックより大きな会社が一つつぶれることと同じ経済的打撃です。年間八〇〇億円程のダメージがある。函館の全デパートの年間売り上げが五〇〇億円ですから、それと比べてみても大変な事態が予想されます。

四月二六日の市民集会は、若い人が頑張って大成功でした。今度は約一〇〇〇人規模の大集会を開催したいですね。それに東京の人は連絡船廃止問題がよくわかっていないので、フォークバンドを連れて、銀座や原宿などの街頭宣伝も計画しています」

運輸大臣の私的顧問機関「青函トンネル問題懇談会」が連絡船廃止を打ち出したことについて奥平さんは次のようなことを述べている。

「経済性、合理性だけでモノをみたらそうなるだろうが、全く地域の住民を無視した単純な発想だ。そこに住んでいる人間は二の次、三の次にされている。〝地方の時代〟と政府はいいながら現実は地方切り捨てそのものだ」

■真崎崇次さんの逝去

もうひとり〈青函連絡船を守る会〉の活動の中心人物だったひとに代表委員の真崎崇次さんがいた。真木さんは護国神社宮司だったが、函館・道南の文化運動にも積極的に取り組んだ人だった。しかし連絡船存続運動のさなかの一九八三年三月三日永眠された。

その頃は、青函連絡船の耐用年数切れの問題で連絡船の全廃は逼迫の度を増しているという報道が流れるようになっていた。

二月一日、国鉄は新たに貨物船三隻を廃止し、有川桟橋と五稜郭駅操車場を廃止した。同じ日、細川運輸大臣は函館で「青函トンネル完成後は、青函連絡船は廃止する」と言明した。さらに四月一八日「青函トンネル問題懇談会」は青函トンネルの利用はカートレインの運航が望ましく、青函連絡船は廃止すべきだとの見解を明らかにした。

一九八六年(昭和六一年)度の完成は難しいとされながらも、目の前に迫っている青函トンネルの完成と国鉄合理化、新造船計画のないままの青函連絡船の耐用年数切れという状況のもとで、青函連絡船問題は山場を迎えた。

二月一日、細川運輸大臣は函館空港で記者会見し、青函トンネル開通時に青函連絡船を廃止する旨の見解を発表した。昨年の自民党首脳による青函トンネル開業後も青函連絡船は必要であるとの意見の発表と矛盾する見解であるが、青函連絡船存続の楽観はできなくなってきている。これは〈連絡船を守る会〉を中心とした函館住民の存続運動や、函館、青森両市議会の連絡船の存続運航を求める意見書や函館市の陳情等を無視した発言であった。

■「連絡船を守る市民集会」開催

こうした状況の中で〈連絡船を守る会〉は、四月二六日、函館市柏木町「ホテル・アカシア」で「連絡船を守る市民集会」を初めて開催する。

函館では、これまで青函連絡船存続の気持ちから個人・団体が歌の発表会や写真展を開催してきた。それらの函館市民の声を紹介してきた各種の催しの成果を集め、運輸大臣の「青函トンネルが完成したら連絡船をなくする」という発言に対抗しようという大きな集会だった。

この頃、元連絡船通信士で函館写真協会の金丸大作さんが写真集『青函連絡船』を朝日イブニングニュース社から出版した。三〇余年にわたって連絡船で津軽海峡を往来するさまざまな人間の思いや姿を温かい目でとらえている写真集である。

金丸さんは昭和一九年に国鉄に入社、連絡船に乗務し昨年退職するまで三九年間連絡船通信士を務めた。昭和二三年から写真を始め、青函連絡船の写真では全国で右に出る者はいないといわれている。

5 トンネル本坑貫通と連絡船

■『Theらしん』(一四号)一九八五年三月四日付

一九八五年（昭和六〇年）三月一〇日に青函トンネル本坑が貫通することになった。

莫大な建設費を誰が負担するのか決まらず、したがって利用計画が決まらない。一方で、連絡船の老朽化が進み廃止論が公表されている。津軽海峡交通がいまだかつてこれほど不安定になったことはない。永年の交通手段であった連絡船を見直し、トンネルに比べごくわずかの投資で維持できる、新連絡船の建造計画を進めるべきである。

運輸省の棚橋国鉄、国鉄細見統括審議官が、二月一八日、トンネル完成後の鉄道公団に対する賃貸し料が年間八九〇億円強に上がり、カートレイン方式等の場合はさらに高くなることを表明した。また、その負担方式については明言を避けたことが報道された。

青函トンネルの掘削は技術的にみて偉大であっても、その利用方法は、カートレインといい、新幹線といい、実現性の点では幻想の域を脱していない。

一方では、連絡船の廃止のみが、決定されたかのように公表されている。北海道と本州との交通機関としての青函連絡船の重要性を考えるとき、はたしてこれでよいものだろうか。その利用計画も決まらない、経営主体も決まらない時に、青函トンネルのみに依存し、現在、有効に機能している連絡船を安易に切り捨てようとするのは、大きな冒険といわなければならない。ちなみに、青函連絡船を一隻新造するには一〇〇億円程度といわれており、桟橋等は現在の施設が使えるのである。

列車と、連絡船との接続路線を改善したり、エスカレーターや動く歩道を付けたりの改善をしても、知れている。現在の青函連絡船はすでに一八年の耐用年数が過ぎて、延命工事を行なった旅客船と貨物船を改造した旅客船で編成されている。

このことがそのまま、北海道と本州との通行の重要性を軽視したものであると思うが、このような連絡船でも通っているから、再三の青函トンネルの遅れにも交通が確保されてきたのである。

〈守る会〉と函館市青函連絡船存続推進協議会は、北海道と本州には四国・九州の例と同じく、複数の公共の交通路が必要であることを主張しており、政府・国鉄当局は、北海道と本州との交通確保をより真剣に考え、青函連絡船の新造船計画を早急に進めるべきである。

一〇万人署名推進札幌行動決定

〈連絡船を守る会〉は、昨年一一月一一日、湯川・臥牛荘で総会を開き、署名運動を進めるとともに、北海道民に訴えるために札幌でもアピール行動を行なうことを決定した。また、七月七日に連絡船と港の埠頭や体育館などを使った、多くの人々（一万人くらい）の参加できる第四回連絡船フェスティバルを開催することも決まった。

総会では、会員から連絡船を残そうとする熱意や、利用する運動も起こそう等の意見も提案された。その後、一月二九日集会と二月一六日事務局会議が開かれ、最近の情勢や今後の活動などが話された。三月中を目標に市内で署名一〇万人を集めるとともに、四月二〇日頃に札幌に遠征し、署名やコンサートを行なうことが決まった。

また、青函トンネルに新幹線を通す動きが出てきたことについて、青函トンネルに新幹線が通ったとしても連絡船が必要であり、新幹線を通すためにも連絡船や江差線、松前線が切り捨てられることへの反発する意見が出され、今後も、連絡船存続運動を推進することが確認され、〈守る会〉で新連絡船のプランを立てようとの意見も出された。

許されぬ東条会長の「廃止」発言、世論と地域要望を無視

四月一日、国鉄の分割民営化が実施され、青函連絡船は北海道旅客鉄道に引き継がれた。同社の代表取締役会長に就任した、東条猛猪会長は、四月二四日、来函し新聞記者の質問に答えて「私が会長でいる限り、廃止の方針は変わりない」と述べたと報道された。

国鉄の分割民営化の審議の中で昨年一一月二八日に、橋本運輸大臣が参議院で、社会党、赤桐操氏の質問に対し「原則廃止を閣議決定しているが、新会社が別の形態で継続しようとする場合、それを認めるよう努力する」と答弁し、青函連絡船存続の運動が、成果を上げ始めた時だけにこの東条会長の発言を許すことはできない。

青函連絡船の存続運動は、一九八一年（昭和五六年）の行政監理庁勧告による青函トンネル開通時には廃止するという方針の発表後、函館市経済への影響、本州、北海道間の交通機関としての重要性、青函トンネルへの不安、交通方法の選択権等の様々の理由から、青函両市は勿論のこと、広く全国の賛同者を含めた、市民的運動が展開された。細田運輸大臣らの全廃するという発言にもめげず、東京、札幌での陳情運動を含め五回の連絡船フェスティバルを実施するなど、〈連絡船を守る会〉は力強く幅広い活動を行なってきた。

先の運輸大臣の「地元で別の形態で維持するならばこれを認める」という発言は、これらの国民的世論を背景にするものであり、最大限に尊重されるべきものである。したがって、「私が会長でいる間は」というような個人的な見解に左右される問題ではない。ちなみに、青函連絡船の営業係数は、函館本線、室蘭本線よりも低く、青函局管内では、採算的には一番良い路線なのである。経済の採算性のみを考えるのであれば、赤字幅の少ない青函連絡船を運営し、赤字幅の大なることが予想されるトンネルの運営を拒否するのが正当であろう。

青函連絡船存続市民協議会は、これまでの船内イベント、埠頭をも利用したイベントを経験して、青函連絡船の利用方法を開拓してきた。また、函館市は連絡船を東京まで回航して函館フェアを開催し、青函連絡船利用の可能性を発見してきており、このような努力をしながら、地元や全国レベルの利用者が連絡船を存続させてほしいと言っている時、それらの声に耳を貸さないならば北海道旅客鉄道はもはや公共性も地域性も、さらには人間を運ぶ旅を提供するという目的すらもかなぐりすてた単なる営利資本でしかない。

第八章　さよなら連絡船

1　連絡船を守る市民集会

一九八四年（昭和五九年）四月一六日、函館市柏木町のホテルアカシヤで「青函連絡船を守る市民集会」が開催された。参加者は約四〇〇人。歌やアピールなどで「存続」を訴え、会場は熱気であふれた。集会では次のようなアピールを行なった。

1、連絡船廃止は函館市などの交通体系および経済に多大な影響を及ぼし、民間フェリーも合わせると八〇％のシュアを占め港湾機能も消滅する。この懇談会に地域の代表を入れないのはなぜか。

2、四国には巨費をかけて三本の連絡橋が建設中であり、九州への関門ルートは六本もある。ところが、国土面積の五分の一を占める北海道は乗り物を運ぶ自由を奪われた。決定的な利用法もなく、不安なトンネル一本でよいと差別するのはなぜか。

3、「青函トンネル」が津軽海峡の活断層を通過しているのは明白である。その危険性は学者の指摘するところである。さらに、コンクリートに海砂を用いた建造物の鉄骨が数年で腐蝕するという最近の研究が、これらを踏まえた安全性に関しての指摘もない。旅の快適性も無視し、暗黒のモグラを強制使用とするのはなぜか。

4、通常の経費以外に、毎年「八〇〇億円」を四〇年間にわたり支払うというが、誰が負担するのか。加えてカートレイン構想が実現すれば「四年で黒字」とする根拠はない。

これらの問題を曖昧にしたまま連絡船の廃止を打ち出した懇談会の答申には、とうてい納得することはできない。我々は市民の総力を結集して、連絡船の存続運動を更に強力に進めていくものである。

〈連絡船を守る会〉としては、前年九月の自民党首脳による「連絡船は存続すべきだ」という記者会見発表以来、八四年二月の細田運輸大臣のトンネル開業後は連絡船廃止の方針という発言や「青函トンネル問題懇談会」のトンネルはカートレイン運航、連絡船は廃止という答申などを受けて、連絡船の存続が危ぶまれていることを重視しての開催だった。

青函連絡船の耐用年限が各船ともに迫っているが新造船計画もなく、青函トンネルの開業後の利用法はまだ構想の段階であった。その構想にしても連絡船は廃止した方がよいというものであり、まさに津軽海峡の交通は「濃霧の中」で先が見えない状況であった。

■「これなら走るぞ連絡船」フォーラム

一九八四年(昭和五九年)一〇月二五日、函館市内で〈連絡船を守る会〉と〈あお船の会〉による「連絡船存続青函フォーラム　これなら走るぞ連絡船」を開催した。〈守る会〉の和泉代表が「連絡船のこころのふるさととする函館、青森両市民の知恵を出し合おう」とあいさつし、参加者からの提言、函館市などが作製した三隻四往復体制の存続案などを巡って自由討論が行なわれた。この中で奥平忠志さんは、連絡船廃止が地元に与える経済的影響の深刻さを指摘し、連絡船存続を要請するはがきを総理大臣、運輸大臣、道、ＪＲ北海道などへ送る〝市民一人はがき一枚運動〟を一一月から両市内で行なうことを申し合わせた。

■『Ｔｈｅらしん』（一六号）一九八六年二月二四日付

迫る！国鉄分割民営化

北海道は、国鉄の民営分割について要請を行なうことを決め、青函連絡船を活用する方途を検討することをその中に入れた。函館は観光船としての存在を提唱している。

一九八五年七月、函館市長らと、現運輸大臣である三塚博議員に陳情の際、同議員は連絡船を廃止した場合の影響は理解できる、函館を基地とする研修船等を考えると答えた。これまでの運動によりある程度存続への理解を生むことができており政治的な動きには厳しいものがあるが、なお存続運動を続行継続していくことが必要である。

国鉄の民営化等の大革命が予想され、運動にも柔軟な対応が迫られてくると思われるが、函館経済や、函館港の維持、船員の雇用等どれ一つをとっても連絡船廃止の影響を捕捉することは、その必要性をさらに現実のものとするであろう。

■『Theらしん』（一七号）一九八六年二月一三日付

多目的船など市民のビジョンで新造連絡船を！

現在の青函連絡船は耐用年数が経過している。新造船の建造の要求については、小型快速船、観光船、大型旅客船、多用途多目船など、存続を主張する理由が多様である。

現在の連絡船は昭和三九、四〇年に建造された船舶が多いため、現在の船舶技術から見れば、時代遅れになっているものも多く可能性はより高度のものになっている。新造船は新しい技術的可能性の上、使用法や経営効率を探求することと、船内設備の配慮による快適さを求められる。

青函連絡船の存在は景観上からも函館の観光資源である。また、津軽海峡周辺地域の観光は未開であり可能性が広がる。津軽海峡新時代の目的に合った連絡船を建造は、都市計画上の配慮や洋上コンベンションホールとしての活用も視野に入れるべきだ。

さらに、去る三月に発足した函館中国経済促進協議会の提唱するような中国の都市への航路に使用するようなことも夢ではない。

■連絡船存続を道庁に陳情

一九八七年（昭和六二年）七月二〇日、〈連絡船を守る会〉のメンバー七人が札幌へ向かった。「青函連絡船存続のためなら何でもやる」という覚悟で、道庁とJR北海道本社へ陳情するためである。

札幌を訪れたのは奥平忠志氏をはじめとする七人で、当時の新聞によれば、横路孝弘北海道知事や藤井猛道議会議長を訪問した後、ＪＲ北海道本社や全道労協、道運輸局にも行ってそれらのトップに直に会って、青函トンネルとの共存、周遊クルージング事業の拡大の方向で連絡船を残すよう訴えた。これに対して、横路知事は「函館市の熱意があれば、何らかの存続方策を道としても考えざるを得ない」と地元自治体の動きに注目していることを明らかにした、とある。

2 連絡船が港から消えた

■〈連絡船を守る会〉が解散へ

一九八八年（昭和六三年）〈青函連絡船を守る会〉が解散することになった。青函連絡船「大雪丸」が引退したばかりの頃だった。連絡船存続運動の主力になってきた〈連絡船を守る会〉も六年間にわたる運動に幕を下ろすことになったのである。

新聞によれば、〈連絡船を守る会〉の解散話が出たのは、その前年一一月二五日の北海道、函館市、青森県、青森市の四者会談で行政側が存続を断念した直後だった。和泉代表が「肝心の函館市は存続を断念したのだから、それ以上運動を続けても意味がない」とし、事務局長の奥平忠志も同意した。

一月下旬に開かれた臨時総会で役員の入れ替えが決まったものの、設立以来の「顔」である両氏の辞職で運動は事実上ピリオドが打たれた。この時点で個人加盟の会員は全国に約四〇〇人いた。〈連絡船を守る会〉事務局長として一九八八年二月まで存続運動の中心となってきた奥平忠志・

北海道教育大学函館分校教授は、青函連絡船が姿を消した三月一三日、一〇年間も伸ばし続けてきたトレードマークの口とあごのヒゲをそり落とした。新聞のインタビューに奥平氏は「六年ぐらい前から、連絡船がなくなった時に、ボクのヒゲも消えると公言していたものですから」と語っている。

3　連絡船に感謝をこめて

■『Ｔｈｅらしん』より――市民集会「うたうべ・しゃべるべ・連絡船」

〈連絡船を守る会〉は一九八二年一月三一日の発足以来七年を迎えました。

この間、国鉄の分割民営化が具体化し、ＪＲ北海道会長の「廃止宣言」北海道等四者協議会による六月～九月の運航決定。そして三月一三日新ダイヤから青函連絡船「抹消」へと大きな力による青函連絡船の廃止政策が強力に具体化されました。

しかし、こんな中でも、私たち連絡船を愛する市民有志の〈連絡船を守る会〉は函館、青森両市民をはじめ、全国から励ましと存続の夢を託され、連絡船フェスティバル、東京・札幌行動、署名、シンポジウム、夢の連絡船・絵と作文の募集、展覧会、コンサート等を行ない市民の中での運動の実現にとり組み、精一杯がんばりました。

去る二月一九日の〈連絡船を守る会〉拡大事務局会議の中で永年にわたり会を代表してき

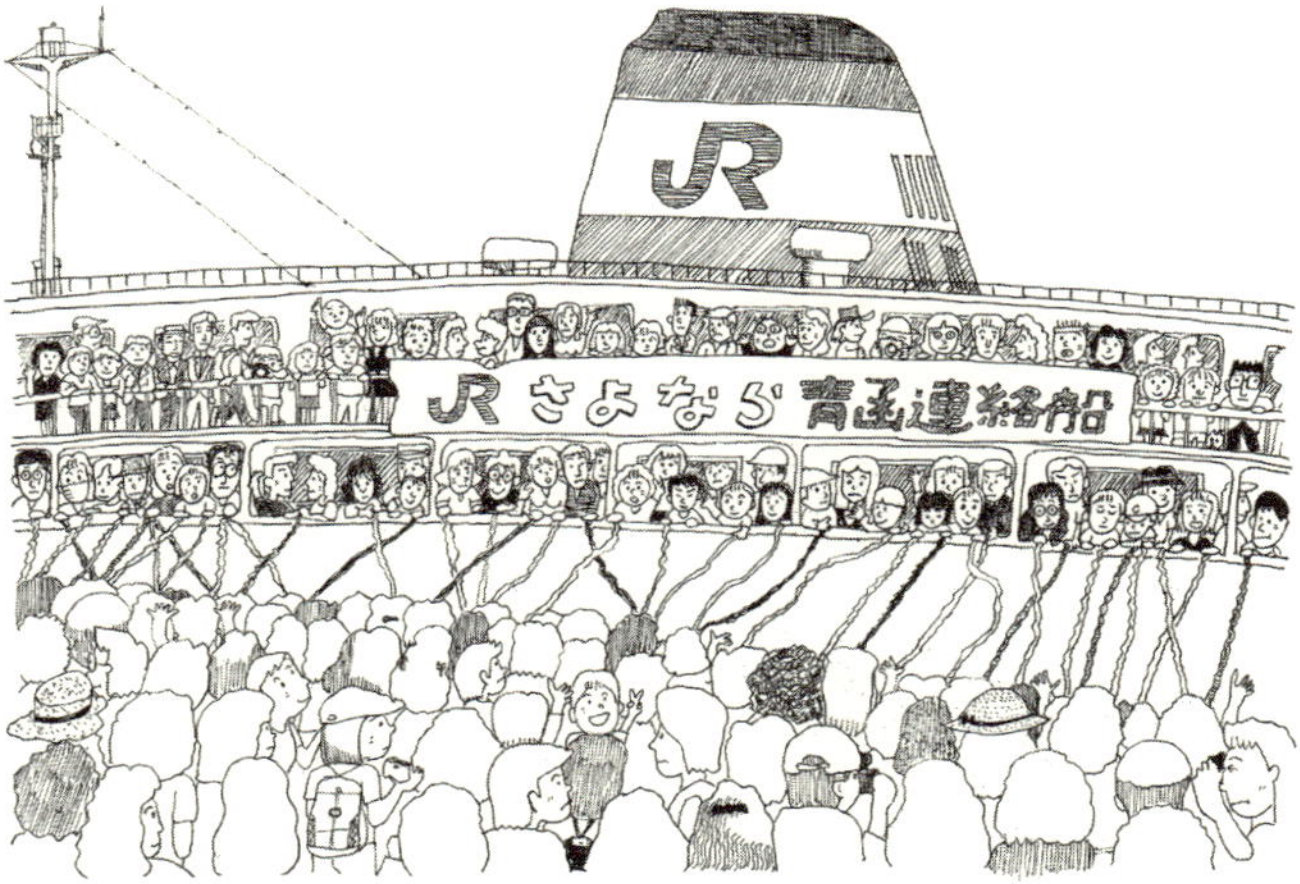

た和泉雄三代表、奥平事務局長が辞任され、役員、事務局の新体制を決め、一九八八年の方針を討議し、連絡船運航の可能性の追究、栈橋埠頭等の活用等これまでの運動を発展的に継続させていくこととしました。

まずは、三月一三日という歴史的一ページを前にして「時流としてしかたがない」という悔恨の一般論に隠された本音「函館市民は連絡船をあきらめていない」という意思を示し、「新しい港街函館造り」の始まりにと市民集会を行なうことにしました。詳細は別紙チラシのとおりですので、どうぞこれからも、御協力をお願いいたします。

一九八八年三月三日

青函連絡船存続市民協議会「連絡船を守る会」

代表／桶本建郎
同／笠間昭三
同／横内輝美

■「うたうべ・しゃべるべ・連絡船」

一九八八年三月一三日で廃止される青函連絡船について何でも語ろうと、市民集会「うたうべ・しゃべるべ・連絡船」が三月一一日夜、函館市豊川町の明治館で開かれた。

このイベントは前の月に、和泉雄三代表らが辞任していて、新執行部に移った〈連絡船を守る会〉の運動再生を期したイベントの第一弾で、青森側の市民団体〈あお船の会〉との共催だった。約一〇〇人の市民がきてくれた会場には「青函連絡船の灯を消すな！」の垂れ幕が掲げられた。

僕は、当日の一週間前から睡眠時間三時間ほどのスケジュールで準備に追われていた。一つは、会場の準備であるが、会場に決まった明治館は、少し前まで「ユニオン・スクエア」と呼ばれていた。最近ある企業が購入し、直前まで借りることができるのか定かではなかった。

僕の担当は、チラシ等のデザインから会場に懸ける垂れ幕を描くことなどだった。自宅の居間と和室に広げた大判の用紙に「うたうべ・しゃべるべ・連絡船」のタイトルと共に日時や時間、出演者などを書き込んでいくのだが、時間の都合で片付けないままに仕事に出かける。子どもたちの目からすれば「お父さんって、何をしている人なのか?」と思っていたようだ。しかし、時間は迫っていて他にもやることはいっぱいだ。

もう一つの僕の仕事は、当日の司会進行である。ゲストは牧良介さんと三上寛さんであるが、フォークシンガーの三上寛さんはわかるが、牧さんはどのような人かわからない。また、牧さんとは二人で司会を担うような関係なので服装が気になった。桶本氏にどのようなイデタチで現れるのか聞いてはみたがよくわからない。

当日、面識のない牧さんを函館駅に迎えることになっていたので、取りあえず三種類の服装を用意し駅に向かった。牧良介さんは一目でわかる姿で現れた。全身は黒ずくめで細いジーンズ、頭にはカーボーイハットをかぶり半纏を羽織っている。津軽の芸人であり、青森市内にある「だびょん劇場」の主宰者でもある。僕は、牧さんの服装に合わせて一番シックな黒いダブルスーツにした。

イベントがスタートした。はじめに連絡船のビデオ上映。続いて桶本建郎新代表が「連絡船は、青函博期間の九月まで運行されます」と伝えた。

第1部は、三上寛の「じょっぱりライブ」。ギターを激しく掻き回す迫力ある演奏と、修学旅行で初めて来た華やかな函館の想い出も語った。

第2部は、牧良介と僕のトークからスタート。牧さんが僕のスタイルを見て「やっぱり、函館はハイカラだのー」と津軽弁で話しかけ「青函連絡船というけど函青連絡船でなくっていいんだが?」と会場の笑いを誘い、自身の連絡船や津軽海峡に対する想い出を語ってくれた。

その後、僕は参加者へのインタビューを担当した。マイクを向けると参加者の一人一人が想い出を語り、あらためて連絡船がこの街の中心的存在であったことを思い知った。その中の一人が「青森に食料を求めに行ったさいに、親切にされたことを今でも思い出す」と話していた。修学旅行の楽しかった想い出には、多くの人がうなずいていた。

僕は「函館はこれまで、青森から多くのものをいただき学んできた。やっぱり函青じゃなく青函連絡船でいいと思いますがいかがですか？」と会場に話しかけた。会場からは「その通り！」「連絡船はまだ諦めるな！」などの声が上がり感動の夜となった。ここまできてもなおまだ「何とかならないのか？」という多くの参加者の気持ちが伝わってきた。僕にとって生まれて初めて敗北感を味わった日となった。

■連絡船活用で委員会来月発足

一九八八年春の時点で青函連絡船存続問題はまだ続いている。少なくとも僕はまだ諦めてはいなかった。

新聞記事によれば、三月一三日で廃止された青函連絡船の活用方法を探るため、函館市は木戸浦市長の諮問機関として経済・文化関係者で構成する委員会組織を四月に発足させる方針を一五日の市議会決算特別委で明らかにした。伊東安昌氏（公明）が、先の本会議で市長が連絡船の活用を検討する組織を作る構想を示したのに関し、今後のスケジュールをただした。

これに対し斉藤企画部長は「四月早々に活用方法を検討する委員会を発足させる。七月から八月までに一定の結論を出し、議会にも提示したいが、経済面でも費用が一番の課題と思う」と早急に活用の検討に着手する考えを示した。また部長は、委員会を経済界、観光、港湾、運輸、教育・文化の関係者、連絡船ＯＢら一〇人から一五人規模で構成する意向を明らかにした。

伊東氏は「市だけでなく道南（渡島、桧山）などの自治体で連絡船購入を考えてほしい」と要望したのに対し。同部長は「共同購入も充分検討したい」と答えた。

しかし連絡船の活用問題を巡り、市が委員会設立の方針や改造費用の負担など検討すべき課題はあまりに多かった。老朽化しているとはいえ、一隻の推定価格は七～八〇〇〇万円。もっと問題なのが活用、維持のための費用。観光クルージング用への改造には、ざっと一〇億円がかかると推定された。航海させず港に係留して保存するだけでも、船を固定するための費用や維持費で億単位のお金がかかる。

五〇〇〇トン級の連絡船の建造費は三〇億円から四〇億円。このため、「何年もつかわない老朽の連絡船より、新造船の方が経済的」といった議論も出てくる。いずれの場合も、市が相当の負担を強いられるのは間違いなかった。

この日の予算特別委で佐藤清（社会・市民連合）が「連絡船の係留費用がかさむため、ＪＲ北海道は早急に売却の検討に入るはず。市の作業も急ぐべきだ」と主張したように、時間的な余裕はなかったと当時の記事には記されている。

第九章　連絡船を買おう市民の会

1　存続への新たなる闘い

一九八八年（昭和六三年）三月一三日、青函連絡船は廃止された。その一カ月後の四月になってから、僕たちは〈連絡船を守る会〉として次のような公開勉強会を企画した。〈守る会〉の新代表には桶本健郎氏がついていた。

■第一回青函連絡船を存続させるための公開勉強会

「集まれ人間船人間」のお知らせ

今、青函連絡船もいない函館港が無残にも廃墟的な姿をさらしています。

これから海と港と船が新たな時代を迎える時に、函館市民は一隻の連絡船も残せないのだろうか。

一〇〇年の港を守ってきた函館市民の知識と技量の程が試練の時を迎えたといってよい事

態であり、今青函連絡船をなくすることの意味を考えながら、存続の必要性とその方策を考えるため、少しでも海や船に関心を持つ人がどんな知識でも持ち寄って連絡船のことを考えようという企画で次のとおり公開の勉強会を開きます。

場所：文雅堂二階(杉並町電停近く)

時間：四月八日午後六時三〇分~九時頃

テーマ：函館にとって連絡船存続の持つ意味(海から見たウォーターフロント)

MC桶本：なぜ、国鉄でなくても函館に連絡船が必要かを考え、存続すべき連絡船の概念を探る。今、日本各地の港や海運界の動きを探りながら函館から船を走らせることがどんな将来性を持つものなのかを考え、青函連絡船存続の意味を考えなおす。

テーマ：何が連絡船を存続させるのか

MC笠間：青函連絡船を存続させるにはどんな方法が考えられるか、市民による存続運動の可能性について考える。

参加者：自由

参加費：自由カンパ

主催　青函連絡船存続市民協議会

代表　桶本健郎　同 笠間昭三　同 横内輝美

■連絡船復活目指し勉強会

〈連絡船を守る会〉が開催したこの公開勉強会には二〇人余りの市民が出席してくれた。意見を交換。

食の祭典、青函博期間中（六月三日～九月一八日）の暫定運航後の連絡船復活を実現するため「なぜ連絡船が必要なのか」を問い直し、新たな存続運動を参加者全員で考えた。桶本代表ら同協議会関係者が「青函連絡船で函館港の港湾機能が縮小する可能性もある。九月以降の存続を実現するため、今すぐ運動に入らなければならない」と述べた。続いて参加者から「残す上での経済上の問題は解決可能か」などの意見、発言が続いた。

学習会の参加者は少数だったが、僕は久々に緊張感に包まれた。桶本・笠間両氏の発言には後のない、時間のない切迫感とともに「動いてこそ連絡船」という考えと「係留保存活用」の選択も重要な課題だとして参加者には突きつけられた。

僕は「係留保存」で腹を決めて、具体的に「係留場所と活用提案」を市民に訴えていくことが現実的な闘い方であると発言した。それが「買っちゃおう」という発言になったようにいわれているが、それ以外に連絡船を残す具体的な行動はとれないと思っていた。

■全国募金を決める

この時点で〈連絡船を守る会〉は連絡船運航と係留保存の両方を視野に入れて学習会を開催していた。〈連絡船を守る会〉は定期運航を終えた連絡船「十和田丸」をＪＲ北海道から買い取ることを正式に決めた。費用は全国からの募金で賄う方針だった。

この買い取り方針は三月、四月の学習会などで現実路線を検討した結果決めたもので、まず船体を買収し、その後に係留展示や周遊運航などの活用策を煮詰めようという二段階計画だった。目標は一億二〇〇〇万円程度とし、道内外から一口一〇〇〇円で、一〇口程度を基本に募金を集める。四月に東京へ渡った「大雪丸」の売却価格を目標額に設定したが「感触では六〇〇〇万から一億二〇〇〇万程度で折り合えるのでは」と見ていた。

買取りを目指していた連絡船は外洋周遊能力もある「十和田丸」だった。

■連絡船買取りを提案

新たなる会を立ち上げるには、キッカケが必要である。これまでの〈連絡船を守る会〉では市民からの指示は難しい気がしていた。行政も決定的な活用方法が提示されれば、具体的な行動を起こすことが出できるだろう。

一九八八年三月一三日に青函連絡船が廃止されて二カ月余り、連絡船の有効活用を探る〈連絡船を守る会〉は連絡船を買い取るため募金活動を開始する。市が中心になっての連絡船購入方針がなかなか決まらないため、市民参加の形で運動を展開した。

六月四日、文化団体〈函館帆の会〉（大河内憲司代表世話人）と共催して有効な活用のためのシンポジウムを開催した。これがきっかけとなって募金活動が盛り上がっていく。

シンポジウムは四日午後七時から函館市本町のホテルシエナで行なわれ、パネリストには〈連絡船を守る会〉の笠間代表のほか、奥平忠志・北海道教育大学函館分校教授、特別養護老人ホーム「旭が丘の家」施設長のグロード・フィリップ神父らが参加した。

会合では、周遊船としての連絡船運航や洋上学校、観光クルージング、あるいは函館港に係留してのレストラン、ホテル、記念博物館などの多目的利用など、今後の活用方法についての論議が行なわれた。〈連絡船を守る会〉ではこの場で連絡船購入のための募金活動を提案、市民に積極的な参加を呼びかけた。

連絡船八隻のうち、すでに一隻は売却され、残る七隻のうち一隻は青森県が係留方式による保存方針を決めていた。函館市は木戸浦市長が市議会などで「かなり厳しいが、何らかの形で残したい」と前向きの答弁をしていたが、購入の方針は固まっていなかった。

2 一人一トン運動を始める

■「一人一トン運動」

「市民による買い取り」という提案は、可能性は低いかもしれないが、連絡船保存運動としてはわかりやすい活動だったと思う。各マスコミも新たな連絡船問題にあらためて関心を示すようになった。

一九八八年五月四日夜、函館市のホテルで、青函連絡船の保存活用を市民サイドで考える〈函館帆の会〉〈連絡船を守る会〉共催のシンポジウムが市民約五〇人が参加して開かれた。この中で、連絡船の活用方法については歴史資料館としての保存と、運航方式による二つの意見に分かれたが、市民による買取り運動を展開することでほぼ意見が一致した。道東・知床の一坪運動にならって「一人一トン運動」の募金活動に取り組む新しい市民組織を提唱することとなった。

パネリストとして参加していた奥平忠志教授は「運行方式による保存は経営上無理。歴史的景観地域の函館市西部地区に歴史資料館として残す。そのための保存活用財団をつくろう」と提案した。特別養護老人ホーム「旭ヶ岡の家」施設長のフリップ・グロード神父は「函館の歴史的シンボルとして運航を続ければ、将来必ず見直される」と強調し、〈守る会〉の代表の一人・笠間昭三氏は「市民が団結して全国に買い取り運動の輪を広げていこう」と呼びかけた。

この中で、一般参加者の中から「市民一人ひとりが買い取りに参加する一トン運動を始めよう」と提案があり、拍手を浴びた。笠間代表も買い取りのための具体的な運動を進める市民組織づくりを提唱した。

■『Theらしん』より――「仮称・連絡船を買おう市民の会」のご案内

六月一日、青函連絡船と補助汽船の売却が公告されました。このままでは、函館から連絡船が消えてしまいます。一三九年の港と造船の歴史を持ち、八〇年の間、連絡船を走らせてきた函館に一隻の連絡船も残すことができないのでしょうか。

函館市民が一致して叫び、全国的にも理解を得られた「連絡船を残そう」という声を具体化させるために青函連絡船の活用を考え、買い取りを第一義とする市民組織〈仮称〈連絡船を買おう市民の会〉を発足させ募金運動を始める準備を行なっています。

今、函館港はこれまで育んできた、北洋漁業基地、造船ドック、貿易港、本州への流通拠点等、湾の目的と機能と歴史をひとつずつ失ってきています。函館の港に市民が連絡船を残すことが未来に向かった港づくりの出発となることを確信し、函館港の開港記念日七月一日が最もその発足にふさわしい日であると考えています。

函館と全国の海と船を愛する見識を持った市民が結集し、連絡船を函館に残すことを決意し発足会と記念パーティーを行ないます。


この集会で正式に〈連絡船を買おう市民の会〉は発足した。趣意書には次のように書かれている。

■趣意書

私達の街函館は一三〇余年前、日本で最初の開港場となって以来、交通運輸、貿易等、種々な機能重要な役割を果たしてきた歴史的港湾都市です。

その中で、青函連絡船は、明治、大正、昭和を通し北海道開拓と近代化の歴史の証人でもあり、その経済的役割、交通機関としての重要な役割を担ってきたことは申すまでもありません。

青函連絡船は地域経済への貢献度の大きさのみならず、その八〇年間の歴史は、函館の街並みの一部を形成し、動的な歴史的景観として函館の貴重な文化遺産でもあります。

また「函館の原風景」として、市民のみならず全国の多くの人々の精神的支柱となってき

ました。この青函連絡船が、今、函館の街から消えてしまいスクラップ化してしまうことは、歴史的文化遺産の破壊に留まらず、市民の精神的文化をも傷つけてしまう事になります。

青函連絡船の雄姿が見られなくなることは、函館にとってかけがえのない財産を失ってしまうことになります。この転換期に当たり、今何が必要か、今何を残さなければならないのか、本当の「こころ」のあり方を求める価値観が問われているとおもいます。

存続活用には、種々の方法がありますが、市民の知恵、全国の青函連絡船を愛する人々の知恵と協力により、連絡船は必ずよみがえるものと確信します。当面は運行再開を期しながら、現存する青函連絡船を市民はじめ全国の心ある人たちの船として、地元函館の街に確保する基本的な運動を展開したいと思います。

そのために、市民一人一人が連絡船のオーナーになる気持で、当会の買い取り運動に賛同し積極的に参加していただきたいと思います。

今こそ、港湾都市函館を再生させ、歴史的遺産「青函連絡船」をいかに次の世代へ受け継ぐかが問われていると思います。皆様の、ご協力を切にお願いする次第です。

3 買い取り運動に対する各地からの手紙

○前略　先日「朝日新聞」紙面で貴会の運動を知りました。
道産子三世の一人として、祖父たちが内地から渡道する際さまざまな思いと、不安を、それぞれに抱きながら連絡船に乗り込んだであろうことを追想するとき、祖父の苦労をしのばざるをえません。と同時に、今、多くの先達をこの地に運んだ連絡船を保存する運動は、その祖父たちがこの北海道の地に生きてきたその生き様を今に伝えるひとつの証としての意味を有すると、道産子の一人として考えます。

道産子(北海道)の精神的伝統遺産として、是非とも保存が実現されるよう念ずるものです。今回貴会の運動に参加いたします。つきましては、五口の寄付をお送りいたしますお納め下さい。

○前略「青函連絡船を買おう市民の会」お骨折りご苦労様でございます。

〔斜里郡小清水町 長田了〕

私事、函館を離れて二七年になりますが、郷里にはなにも恩返ししておりません。現在も親が函館におりますので、年に一～二度は帰りますが函館が苦況であることが耐えられません。今般の貴兄グループの活動に賛同致します。少額ではありますが送金致しますので、活動資金として運用して下さい。頑張って下さい。〔一万円也／白老郡白老町 松田光司（四七）〕

○道新の連絡船買い取り運動を読みました。この事は家族でも出ていることでしたので、中一のこづかいで少ないのですが、僕自身の心が伝わると良いと思い送金致しました。

大変な計画ですが無事念願かなうことを願っています。〔札幌市立平岡中一年 松田圭裕〕

○函館の活性化のため、日夜ご努力のほどご苦労様です。ふる里函館出身者の一人としてぜひ実現されますよう期待しています。購入のいったんとして壱万円也を同封致します。一日も早く買い取りが出来ますよう心からお祈り致します。〔稚内市富岡 酒井香織〕

○前略 北海道旅行中、浜頓別で買った新聞で募金の始まったことを知りました。とりあえず来月支給予定の一時金はないものと考え五万円送金させて頂きます。遠くに住んでおりますが、何かのお手伝い出来ることがあれば連絡下さい。とりあえず友人・知人総当たりしてみます。それでは五万円、達成を祈っております。以上、できましたら記念に領収書か何か送って下さい、お願いします。〔埼玉県大宮市堀崎町 山田素義〕

○一日も早く連絡船の買い取りが出来ますよう、心からお祈りいたします。

〔チーズのふるさと・ノンキーランド「広報ひがしもこと」編集者、網走郡東藻琴村役場　笠井博秋〕
○前略　このほど、道新により連絡船買い取り運動の記事に接し、かねて函館市民及び道民でせめて歴史ある連絡船を後世に残せぬものかと心待ちにしていました。
　小生も四〇年前山形県より家族で現在地に移住してまいり、その折りは年に一、二度連絡船のお世話になり一生の思い出はつきません。お蔭さまで六五歳の歳で、今は小さな会社を経営しています。今年もお盆頃には又、函館を通過させて頂きます。今後増々何かと準備会の皆様には、色々ご苦労をかける次第と存じるがめげずに頑張って下さい。一万円運動の一助としてご協力させていただきます。
○先日、函館に出張致しました折り、連絡船の街頭募金をしておりました。
　一〇〇〇円おいて参りましたら、今月一九日礼状が参りました。「これは本物です」私たちがやらねばいけないものを、代表してやって下さる皆様に真に頭の下がる思いです。

　精神遅れ施設です。本当に心ばかりですが再度カンパをさせて頂きます。

〔引間二郎(一〇〇〇円)、鈴木政幸(一〇〇〇円)、鈴木テツ(五〇〇円)、鈴木哲夫(五〇〇円)、矢羽々孝夫(五〇〇円)、矢羽々正信(一〇〇〇円)、矢羽々仁(五〇〇円)、矢羽々勝美(五〇〇円)、矢羽々てい子(五〇〇円)、矢羽々秀夫(五〇〇円)、矢羽々京子(一万円)とテレホンカード一〇枚。何かに使って下さいね。合計(一万六五〇〇円)〕
○前略　遅くなりましたが連絡船購入運動の募金として二〇口、二万円送金致します。少々遠い所に住んでいるため具体的な協力ができないのが残念ですが頑張って下さい。

買い取り運動の成功を祈っています。とり急ぎご送金のみ。乱筆乱文で失礼します。

〔岩手県花巻市若葉町　布澤文理（三〇）〕

○八月二九日まで資金がたまらず発送が遅れました。ぜひとも今回の運動を成功させて下さい。

〔一万円／仙台市（船台育英学園二年）鈴木良仁〕

○「青函連絡船」存続、是非よろしくお願い致します。連絡船あっての津軽海峡、完全廃止はあまりにも残念です。心から深く「存続」を望みます。

〔本多真樹（世田谷区）学生　長谷川正弘（武蔵野市）高校教論

林田茂（川崎市）高校校長　鈴木浩（武蔵野市）無職　菊池朋幸（目黒区）学生

子安一也（横浜市）学生　太田宏明（川崎市）学生　吉原亭（横浜市）学生

飯村高行（相模原市）学生　柳沢弘昌（世田谷区）学生〕

○前略で失礼します。青函連絡船「摩周丸」を函館に保存するが、そのための資金が足りないということを聞きましたので、多少ですが保存のために使って下さい。どこに送ればいいのか分からないので、函館駅の方へ送らせていただきます。いつか、再び函館へ行って、保存された「摩周丸」の姿を見てみたいと思っています。

〔三重県上野市小田町　貝澤武史〕

■募金目標は五〇〇〇万円

目標は決まった。それが達成できるかどうかはわからないが、後は悔いなくたたかうだけである。

一九八八年八月一日に旗揚げした〈青函連絡船を買おう市民の会〉(桶本建郎会長)の体制がようやく整い本格的に募金活動を始めた。〈市民の会〉の募金目標は五〇〇〇万円。郵便振り替えの募金口座を設け、現金書留も事務局長の笠間昭三氏宅で扱っているが、一口一万円で市民の会会員になってもらう資金カンパは七七人から申し込みがあった。他は毎日曜日、丸井デパート前などで取り組んできた街頭活動による募金だった。

しかし、これだけでは募金集めにも限界があり、目標達成はおぼつかない。このため、同会の運営委員会が中心となって地元経済界からの大口寄付、道内出身のタレントや文化人への協力要請、労働団体や他の市民団体、町内会などに対する署名カンパ要請などを早急に展開した。

■「一人一トン・連絡船を買おう市民の会」

誰が「買おう」と言ったのか? 誰が「一人一トン」と言ったのかは定かではない。

しかし、今となってはそれが僕ということになっているようだ。確かに決まる前に、マークデザインを用意はしていた。早々にシールを作り、桶本氏に頼んで貯金箱にもなる募金缶を作った。街頭で子どもたちにプレゼントしたり、喫茶店等にも置いてもらった。募金活動に必要な看板を描き、石川千春氏から小型アンプも借りて準備もした。

僕は「ひとりでもやり抜く」と決意したが、実際は多くの人の協力を得た。特に桶本氏をはじめ、娘の奥村弥夢(八歳)と姪の真志保(一一歳)、たまに息子の未来(一〇歳)も街頭に立ってくれた。その期間は延べ一九日間、場所は函館駅前拓銀ビルの角だった。もちろん僕は仕事を持っていたが、基本的に土・日・祭日の全部と一〇日ほどの夏休みの全てをこの最後の夏に費やした。

〈連絡船を買おう市民の会〉が函館駅前街頭募金を行なった日は僕のメモによれば次の通りだ。
①六月一二日、②六月一九日、③六月二六日、④七月四日、⑤七月一〇日、⑥七月一七日、⑦七月二四日、⑧七月三一日、⑨八月九日、⑩八月一三日、⑪八月一四日、⑫八月一五日、⑬八月一六日、⑭八月一七日、⑮八月一八日、⑯八月一九日、⑰八月二〇日、⑱八月二一日、⑲八月二二日。
朝、七飯町大川の自宅から函館市海岸町の桶本海事事務所に行き、看板・スピーカーアンプ・マイク・テーブル・（署名用）筆記用具・パンフレット・振り込み用紙・領収書・一トンシール（赤・黒）貯金カン等を車に積み、定例の場所にて準備。

「1人1トン・連絡船を買おう市民の会」が駅前街頭募金で渡したシール

全部の用意ができたら、アンプに《心なごむ連絡船》のエンドレステープを入れ、マイク片手に一声を発する。「みなさん、おはようございます。私たちは函館に連絡船を保存するための募金をお願いしています。函館を育ててくれた青函連絡船をこの街に残したいんです。募金に協力してください」というのが基本的フレーズで、後はマイクを握る人にお任せした。

僕はよく「みなさん、連絡船の思い出はありますかー、修学旅行での思い出、新婚旅行での思い出の連絡船をこの街に残したいんです。そのための募金です」と話しかけるように問いかけた。

その後ろに「ムックリ」の《心なごむ連絡船》の曲が流れた。

「八〇年間、本州と北海道を結んだ歴史ある青函連絡船です。私たちは、その連絡船を残したいんです。多く人の人生を運んだ連絡船を、この街に残したいんです」

「一人一トンのシールを差し上げています。貯金箱もプレゼントしています。私たちはこの街を創った連絡船を残すために募金を呼びかけています」と声の続く限り僕は訴えた。

人間の心理は面白く、一人が立ち止まると、他の人も足を止めるようになる。それがまた一人、もう一人と増えていく。テーブルにはカンパ用の広口瓶が置かれ、小銭だけではなく札も入っていく。会のメンバーも駆けつけてくれ、それぞれが連絡船への思いをフレーズにして呼びかけていた。横内氏も《心なごむ連絡船》を歌い呼びかけ、車から笠間さん夫婦も手を振っている。

新聞社やテレビの報道関係者が来る。子どもがお母さんの手を引いて、ポケットからお小遣いの小銭をビンに入れていく。「ありがとうございます」と言うのと同時に「どちらから来られましたか?」と声をかけ、募金している人・されている人同士が連絡船の思い出を語り合う。「がんばってください」「ありがとうございます」の声が飛び交う。暑い日も、風の日も、小雨の日も休むことなく僕たちは「連絡船を残したいんです」と訴え続けた。

アンプの電池が無くなり、向かいにあった電気屋で電池を買って戻ると、娘がマイクを持って訴えていた。連絡船での、修学旅行の思い出、それに新婚旅行での思い出……。赤信号で待ちながら、僕はそれをヒヤヒヤしながら聞いていた。そうしたなか、お盆で帰郷していた国鉄関係者の多くも複雑な思いで募金をしていたようだった。

若い男女が「お祖父ちゃんに頼まれたんだけど」と言って一万円を募金してくれた。話しをすると新婚旅行中とのこと。「昔、津軽海峡を連絡船で渡って来たんだー」がお祖父ちゃんの口癖だとのことだった。

ある日、毎日新聞の前田記者が来て「え！　こんなに並んでいるの？」と驚いていた。前田浩智氏は、記者としてだけではなく〈守る会〉の会員としても連絡船問題にかかわっていた。その前田氏の目の前で募金に並ぶ人たちを見て、どのように感じたのかは、その後の彼の記事に書かれている。これはあくまで僕の推測だが、函館市民の気質として「熱しやすく冷めやすい」ことや「儲けに関係ないものへの関心の薄い」の中で、確かに〈買おう市民の会〉は観光客や道民、市民が具体的で率直的なメッセージを伝えてきたために、多くの函館市民に「自分も何かできないか」という気持ちを起こさせ、それが様々な行動につながってきたように思える。

こうして、三カ月一九日間の暑い夏は終焉を迎える。結果は募金目標額には届かなかった。いや、最悪の結果になったと言っていいかもしれない。しかし僕は、「函館の街に連絡船を残したいんです」という率直な一市民としての叫びを、正々堂々と真っ正面から訴え続けてきたことに後悔はなかった。結果への反省はあるが、僕的には心身ともに悔いのない市民運動を闘い終えたのである。

そして一年半後、僕は転勤で弘前市へ単身赴任した。そしてたまたま一時帰郷した一九八九年（平成元年）七月二五日、募金総額二五三万六六九八円を、代表の桶本氏・笠間両氏とともに「青函連絡船保存活用に関連する経費の一部として」函館市に寄付をする。

4　函館にとって連絡船とは何か

〈連絡船を守る会〉会員でもある前田浩智記者が書いた記事はこのようなものだった。

■青函連絡船は函館を育てた「文化遺産」

今年三月廃止されたＪＲ北海道の青函連絡船を買い取って残そうと、地元の函館市で「連絡船を買おう市民の会」が旗揚げし活動している。目標は「摩周丸」（五、三七六トン）の買い取り。「一人一トン運動」と銘打ち、総額五〇〇〇万円の募金に入っているが、カベも厚い。保存に億単位の費用がかかるためだ。函館市は船を背負い込むだけの体力は乏しい。それでもなお、「保存を」と訴えたい。津軽海峡に刻んだ八〇年の歴史を象徴する連絡船は日本の「文化遺産」だと思うから。

「市民の会」の発足からもう一カ月半がすぎた。メンバーの思いは、さまざま。「連絡船が本州の文化を運び、函館の文化を育ててきた。いわば、函館の生みの親なのだ」「ウォーターフロントを目玉に函館を再活性化するのに、連絡船は欠かせない。町づくりに必要だ」。桶本会長も「連絡船で津軽海峡を越えた人は、延べ一億六〇〇〇万人。思いを寄せる人が全国にいる限り、連絡船は日本の文化遺産。残すのが当然でしょう」と強く訴える。募金額は、まだ二〇〇万円。埼玉県大宮市の会社員（二五）が五万円を寄せた。

明治四一年三月七日、日本初のタービン船『比羅夫丸』（一、四八〇トン）が二六五人の客を乗せて、青森港を出港したのが定期連絡船の始まりだった。長い時間だっただけに連絡船と共に喜びと悲しみの人生ドラマを送った人は多い。廃止前、その思いを約三カ月にわたって取材した。

連絡船に二一年間乗船した元機関員(六八)は「戦争と台風で二度も多くの仲間を失った。その度に、残された俺たちが連絡船を守ると誓ったのに」と悔し涙をためた。船内で洋上結婚式を挙げた会社員(二八)は「どうして連絡船がなくなるの、と娘が聞くんですよ」とうつむいた。「苦楽をともにした仲間との結びつきが消えてしまう」と悲しげに訴えた昔のヤミ米の女性かつぎ屋さん(六三)の表情はいまだに脳裏からは離れない。

三月一三日、最終便「羊蹄丸」に乗った。「青森桟橋でDDTをかけられた」(北海道えりも町、無職、六九歳)、「父の転勤で下関から函館へ。船内で泣きました」(下関、主婦、三九歳)、「新婚旅行の想い出の船」(札幌市、無職、六一歳)などの声が聞かれ、ここでも存続への思いは強かった。

「文化遺産の保存にはお金がかかる」と割り切れば、連絡船の一隻ぐらい残せるはずだ。従業員の研修に巨額を費やす大企業があるという。洋上研修船として買い取ってはどうか。函館を母港にさえしてくれれば、函館市民にとっては十分だ。連絡船内に洋上大学を開校する手もある。都心に土地や建物を求める苦労を考えるなら、その費用はずっと安いはず。夏は涼しい津軽海峡で、冬は温暖な瀬戸内海で周遊クルージングさせれば、通年運航は確保できる。旅行代理店の協力さえあれば、赤字は最小限ですむのではないか。

運動が盛り上がりをみせ、買い取りの機運が高まれば、さらにもっと有効な保存の知恵が寄せられるかもしれない。金満ニッポンに生きる人々には帰られない豊かな心、そして海のロマンを追い求めることを考えてほしいと願うばかりだ。

前田浩智(毎日新聞函館支局)

■係留保存活用で答申

ここで連絡船の係留保存について、行政側の対応を見ておこう。函館市は〈連絡船活用問題懇談会〉(座長・平野鶴男商工会議所専務)というものを作った。そして一七日、第七回会合を開き、青函連絡船を函館に残すべきかどうかの最終協議をした結果、「連絡船を函館港のモニュメント的存在として、連絡船の歴史資料館に軽食喫茶施設等を併設することが現実的対策である」との係留保存活用の結論に達している。しかし、報告書では(1)経営面で相当額の収支不足が予測される、(2)市民の総意で一〇億円以上の基金の創設が必要、と運営上の難しさも指摘しており、答申を受けた函館市長がどのような判断を下すか厳しい選択を迫られることになった。

報告書はこれまで検討してきた資料を含め一二ページからなっており、その基本的考えとして「八〇年の歴史がある連絡船を母港である函館に何とか残せないか」との前提に立って、運航、係留の両面から検討。このうち運航活用については周遊クルージングが望ましいとの少数意見が根強くあったものの、同懇談会としては「採算面などから運航活用は難しい」との結論に達した。

そのうえで、係留保存活用については歴史資料館プラス軽食喫茶施設の併設が「現実的な対応」と指摘、係留場所は交通の利便性、朝市との連携が可能な若松埠頭が望ましい、としている。

しかし、活用のための資金調達と運営主体について、報告書は(1)資金確保は全市民的な合意と支援体制が必要、(2)安易な市財政への依存は避けるべき(3)市民の総意による一〇億円以上の基金創設、(4)運営主体は第三セクター方式か財団法人、(5)長期間の収支試算をし、経営の見通しを立てたうえでの事業の着手など、相当厳しい条件をつけている。

答申を受けた市長は「どのような活用方法でも多数の問題があり、報告書をよく検討の上、結論を出したい」と述べた。連絡船の所有者であるJR北海道に対し、市は今月末までに購入の是非を返事しなければならず、残された短い期間でかなり高度な政治判断を求められることになった。

こうした函館市長に対して僕たち〈連絡船を買おう市民の会〉は次のような要請文を出すことにした。

■要請文——函館市長木戸浦隆一殿

私たちの街「はこだて」は連絡船の出る港として、その一三〇年の歴史の多くを連絡船と共に歩んできました。青函連絡船の汽笛やその姿や桟橋の雰囲気は函館にとけこみ「連絡船」は走る街並みそのものです。

今、函館が手に入れることの出来る唯一の船「摩周丸」を函館が一丸となって函館港に確保し、八〇年の歴史を受け継ぎ新しい時代に向けて街とともに発展する函館の港の一部として位置づけ活用を図ることを強く要請いたします。

■街頭募金一区切り

連絡船の購入問題を函館市に丸投げして僕たちのたたかいは終わったのか？　たたかいの結果は歴然だった。集めた金額は目標には遠くおよばなかったのである。多くのみなさまの期待に答えることができなかった。でも、まだ僕は諦めてはいなかった。

五〇〇〇万目標に対し、その時集まっていた募金額は、一口一万円の会員になってくれた人が約一〇〇〇人いて、街頭カンパなどと合わせても約二三〇万が集まっていた。街頭募金に応じる人の半分は市外からの旅行者で、桶本会長らは「連絡船の保存に対する関心は全国的に高い」と言っていた。保存活用支援の署名も約五〇〇〇人から寄せられた。

市民の会発足後、通算一四回目となる一八日の街頭募金活動は、午前一一時から午後三時まで、ＪＲ函館駅前で桶本会長と僕ら会員六～七人が出て「最後のお願い」をした。

函館市が連絡船を買い取るかどうかの意思表示は、連絡船発着岸壁の若松埠頭の再開発計画が絡んで延期になっていた。ＪＲ北海道と市、地元経済界がタイアップして、連絡船の保存を含めた同埠頭周辺の再開発プロジェクトがスタートする可能性が出ているためだ。そうしたことから僕たち〈市民の会〉では連絡船の保存を確かなものとするため、会員や賛同者一人ひとりが木戸浦市長あての要請文を郵送する運動を開始した。

■かっぺいの部屋パートⅢ

一九八八年一〇月二日夜、〈連絡船を守る会〉主催の「かっぺいの部屋パートⅢ　伊奈かっぺいと山上進コンサート」がJR函館駅前の拓銀ビル大ホールで開かれた。連絡船の存続、保存運動の報告会を兼ねて開催したもので、用意した五七〇のいす席では足らず、一七〇人ほどが立ち見するという盛況ぶりだった。この会場入口には連絡船買取りのための募金箱と署名簿が用意され、カンパする市民の姿が目についた。

「かっぺいの部屋パートⅢ」のチラシも僕が製作した。伊奈かっぺいさんと山上進さんのイラストや連絡船をバックにした桶本・笠間・横内さんのイラストも描かれている。

実はこのチラシのデザインが完成して印刷屋に届ける途中で、僕は交通事故にあった。横路から飛び出した車と、あわや激突！という感じで、バイクに乗っていた僕は転倒しバイクに引きずられながらも飛び出した車の前で止まった。警察がきたが、時間がなかったので事情を話し印刷屋さんへ急いだ。懐に入れた原画は無事届けたが、左足に五針の傷後が残った。

いま、僕の家には伊奈かっぺいショーの本番のビデオ録画が残っている。この日のためにHBCアナウンスアカデミーに通っていたが、その時一緒に学んでいた女性たちが全面的に協力してくれた。ビデオ撮影も、青函連絡船での洋上結婚式を挙げた中川君だ。

僕は、問題をかかえたとき、不思議と直前に出会った人に助けられる。このときの録画もそうだった。

当日は、伊奈かっぺいさんと会場との直接の会話を多く入れたので、お客さんには楽しんでいただけたと思う。

終章　灯は消えず

1　連絡船を愛する心を集めて

■「連絡船を買おう市民の会」解散と253万円の寄付

連絡船買い取り運動を続けてきた僕たち〈連絡船を買おう市民の会〉は、一九八九年（平成元年）七月二五日、函館市役所を訪れて全国から寄せられた募金二五三万円余りを函館市に寄付した。

それまで青函連絡船を函館に残すため署名や募金活動などを行なってきたが、函館市が出資した第三セクター「函館シーポートプラザ」による連絡船「摩周丸」の保存活用が本決まりとなったためだ。七月二四日夜、僕たちは会の解散を決めて、募金は一活して市に寄付することにしたのだった。

桶本会長から二五三万六六九八円にのぼる募金を受け取った木戸浦市長は「多くの方からの善意を本当にありがとう。募金の趣旨を生かし、連絡船の保存のための経費として利用したい」とお礼を言ってくれた。当日の立会人は、桶本建郎、笠間昭三、僕・奥村茂樹の三人だった。

こうして青函連絡船をめぐる僕たちのたたかいはすべて終わった。

一九九四年（平成六年）になって一度、「連絡船存続運動の記録をまとめることができないか」というあり、何人かに連絡船存続運動の感想などを書いてもらっている。しかし、当時はまとめきれず今日を迎えてしまった。当時の原稿をここに掲載する。

2 連絡船存続運動それぞれの思い

■連絡船存続運動は、街・地域に生かされている／国労 池田晴男

かつて白い航跡を残して、生き生きと函館港を出入りしていた青函連絡船「摩周丸」。今は飾り立てられ岸壁にその姿を置いています。夜ともなるとライトアップされ華やかな雰囲気を醸し出していますが、私の眼には既に命も魂も抜き取られた「船骸」にしか映りません。JRからも地元からも切り捨てられた青函連絡船は、単に歴史的な一交通手段の廃止というだけに留りませんでした。そこに働く労働者への肩たたきや配転攻撃が組合差別を伴って執拗におこなわれました。下請け企業で働く労働者や中小企業、零細業者の不安や苦悩は振り向かれることもありませんでした。

「時代の流れ」という言葉に押しつぶされた声なき声も多くありました。こうして連絡船に関わってきた人々の結びつきは一方的に断ち切られることになったのです。このような歴史

を「厚化粧」で塗りつぶし、ライトアップで飾り立てても人々の心を捉えるはずがありませんね。

連絡船が廃止され、未だ函館の街づくりの基本方向が定まらない現状にあって、今一度「連絡船を守る会」で交差し合った人々が、運動を通して共有化し合ったそれぞれの思いを振り返ることは、単なるノスタルジアにとどまらない新しい街づくりを考えるエネルギーと今後の地域運動づくりの指針にもなりうるのではないだろうか、などと考えたりもしています。

函館は、函館山と青函連絡船によってイメージされ、発展し、人々の繋がりも生み出されてきました。国鉄の分割・民営化と同様青函連絡船の廃止は、このような街や地域が発展してきた歴史や関連性を無視し分断するものでしかありません。

連絡船関連の仕事に従事してきた労働者を問答無用に切り捨て、連絡船に思いを寄せる人々の「全国的にも特色のある函館の地域性に見合った街づくりを」との声にも耳を傾けることはありませんでした。

そこで生き生きと暮らし根づいている人々と〝街づくりや地域づくりを共に考える〟などという発想や視点はまったくないのですね。環境や景観を守る対策がつねに後手後手に回る一方で、谷地頭小学校や総合福祉センター建設に見られるように市民や利用者は置き去りにされています。不評このうえないイカモニュメントは、そのような函館市の姿勢の〝象徴的モニュメント〟と呼ぶことこそがふさわしいのではないでしょうか。

経済性や効率化優先のみの発想から、全国どこに行っても同じような街づくりの方法しか出てきませんね。街の発展の歴史やそこに寄せる人々の思いを大切にできない街づくりであってはあまりに寂しすぎます。交通機関のあり方も含めて、街づくり・地域づくりを考えることは行政や一部の企業だけの特権行為ではないのです。

その意味で連絡船は、「函館が函館であること」にこだわり続けることの意味をも教えてくれたような気がします。

いま私は、〈連絡船を守る会〉の運動の成否は決して連絡船の存否だけでは語れないと思っています。「連絡船」を介しての広がりは、そこで働く労働者や労働組合、自営業者、様々な市民運動をも包含しながら、地域交通のあり方や街づくりの眼を育んできたと言えるのではないでしょうか。このことは、その後の地域運動にさまざまに形を変えて受け継がれてきたと思っています。

したがって自分のなかでは、〈連絡船を守る会〉の運動の成否はこれからの地域運動への関わり方のなかにこそあるのだと思っています。民衆のたたかいこそ時間と場所を変えながらも、さまざまに、そして強く受け継がれていくべきもの、と考えているから。

■港湾にみる連絡船／元青函連絡船を守る会会長・函館大学名誉教授　和泉雄三

国鉄青函連絡船が廃止され、早くも七年。今や連絡船は過去の亡霊になりつつある。但し、連絡船の廃止の影響は、今、我々の身を持って感じているところである。人口が徐々に減りつつあるのがそのひとつ。函館港に船影を見なくなったのもそのひとつである。

函館は、明治時代、今の西部地区にあった「天然の良港」によって栄えたが、大正以降は西部の旧港湾が、北洋基地や若松埠頭が国鉄専用埠頭として函館の空前の繁栄を支えてきた。旧港湾に小型船(発動機船)がひしめき、若松埠頭に当時世界の最先端を行く機械化船、貨車航送船(現代のフェリー船の原型)が発着していた。

確かに、函館は港町であり、港によって生きてきたし繁栄してきた。今はどうだ。昭和三二年に、ようやく完成した中央埠頭から北東部に、フェリーが発着しているだけである。確かに、今、その北東部に、巨大な新型港湾が設計されつつあるが、その完成はかなり先のことである。

今の処、函館港全体が機能を停止している状態である。金森倉庫がビアホールになり、若松埠頭がおみやげ品売場になり(それも客ははいらず、閑古鳥が鳴いている)、それと共に、函館の人口も減少しつつあるという淋しさだ。

連絡船の廃止は、函館の衰退をもたらすという我々の主張通りではないか、残念。国家の官僚共が国鉄を廃止し、連絡船を廃止した。日本の官僚共はこれだけで万死に値する。廃止は無念、憤激は今でも私の胸で燃えている。

私は、正しい主張をし行動してきたと、確信している。

■そんなことも、やったっけなあー/あお船の会　伊奈かっぺい

そうーそんなことも、やったっけなあーの思い。

この子たちのためにも連絡船をのこそうじゃないか、と街頭署名を呼びかけもした。

広くこの運動を知ってもらおうと歌作りもした。

青函交流の中で〝勉強会〟もした。

夢とロマンだけでは赤字が消せるはずがないと、どこかで醒めている自分がありながらも、あの時はあの時なりに一生懸命に行動したつもりだ。

決して、青函トンネルに異を唱える気はないが、船も残して欲しい、と。

そのくせ、トンネル開通を待ちかねたように、蟹田町と木古内で〝祝開通〟イベントに呼ばれて行った自分は何だったんだろうか、と思わぬでもないが。

やっぱりー、そうー、そんなことも、やったっけなあー、の思い。

■連絡船存続運動の足跡を、展示コーナーに／民謡　内村徳蔵

民謡「内村徳蔵会」は、昭和六〇年四月一四日、青函連絡船存続運動を盛り上げようと、石狩丸を利用して「連絡船で唄の旅」を企画した。

当時、船を借り切ろうとしたら四時間で一八〇万円と言われ、とてもじゃないが手が出なかった。知り合いの国鉄職員に教えられ、函館—青森間の通常便(自動車専用船)を利用。運賃と弁当代(往復の割引乗船券に昼食券も含め、大人三五六〇円、子供二〇三〇円)だけで客を集めることにしました。

八時間をどうやってつぶすかが問題になったが、民謡、手品、カラオケ大会、ゲーム遊びなどを加えたプログラムができ、予定の二〇〇人を上回る参加者で大成功を収めることができ

きました。

右も左もわからない私達を、陰で支えて頂いた「タイム」の小林さん（当時、守る会事務局）のアドバイスには、心あたたまるものがありました。マスコミ関係の対応、終ったあとの対応などいろいろ教えて頂きました。

このイベントのおかげで、旅のイメージを歌にし「海峡の女王」という作詞作曲もできあがりました。同年七月七日に行われた「青函連絡船フェスティバル」で、守る会より依頼があり披露させて頂きました。それがキッカケで、昭和六一年八月二五日、十和田丸で「青函連絡船・函館フェア」にも参加いたしました。

津軽海峡の波と違って、太平洋の縦波には大変驚きました。弁当も食べられないほどの船酔いでしたが、私達のイベントの番になると酔もなんのその。私達の唄を聞く人達は、唄に酔わず船に酔っていたのでは……。

短期間でしたが、連絡船存続運動に参加させて頂き、いろいろな人との出会いができ、私達の会も今日活動できる財産となって残っています。

最後に、現在第三セクターで運営されている摩周丸に、存続運動にたずさわった一人として、展示コーナーに運動の足跡がないのがどうしても寂しい気がします。

■自分の正しさを証明するまで、闘い続ける！／国労　掛端光夫

当時、特に強く印象に残っているのは、青函トンネル完成が確実となり運輸大臣の「連絡船

全廃」発言が、公式か非公式かをめぐって大きな問題になりました。国鉄青函連絡船に従事する労働者と家族は「連絡船の将来はどうなるのか」という不安と焦燥の中にあり、国鉄労働組合青函地本は、組合員と家族の生活、職場を守るために連絡船存続の運動を呼びかけていました。

その時「連絡船を存続させたい」という共通の願いのもと「連絡船を守る会」が誕生し、労働組合と市民運動がひとつになって運動に取り組みました。

私は国労組合員でしたが、その運動の中で多くの人達と出会い、新しい運動の創造性を感じました。運動は「守る会」を中心に、函館市議会を含め各層各団体にも広がり、地域ぐるみ、フェスティバル、シンポジウムなど連絡船をチャーターしての幅広い運動となりました。

また、当時は造船不況で函館ドックの労働者も大量首切り・合理化案が出されていました。「函館ドック大量解雇撤回」「地域経済を守る全国集会」が全国・全道で開催され「なくすな青函連絡船」を訴えて〈連絡船を守る会〉が活躍しました。

こうして労働組合と市民運動がシッカリと共闘し国鉄合理化施策に迫り、政治的判断へと押し上げていきました。私にとって、労働組合と市民運動が共通の願いで一致し、共に運動を展開したことは、大きな勇気と新たなる展望を見いだしました。

さて、一方では国鉄行革最大の柱、第二臨調調査会が発足して以降、マスコミのヤミ協定、悪慣行・タルミ等の反動キャンペーンは日ごとエスカレートし「国鉄労働者は働かない怠け者・ならず者」と描き「国鉄分割・民営化」を柱にした国鉄改革の嵐が吹き荒れました。国鉄解体の真の狙いは、闘う労働組合をつぶすことにありました。

当時自民党は三百議席の勢いで、多くの「国鉄守れ！」の声を無視し、八六年一一月二八日「国鉄分割・民営化」に関する改革関連八法案を国会で強行しました。職場は、不安と動揺の中で何年も寝食を共にし汗と油にまみれて働いてきた仲間や後輩たちが、やむなく退職や本州へなど労働者はバラバラに分断されました。

八七年二月一六日、私にとってこの日は一生忘れられない日となりました。参議院で「分割・民営化」法案が成立し、付帯決議で「組合所属別差別採用はしない」という国会決議がでました。しかし、それは見事に裏切られ国労に対する差別採用が予定通り行われ、ＪＲに不採用になったのです。

夢いっぱいで国鉄に就職し結婚、子供にも恵まれた幸せな家庭が「分割・民営化」でメチャクチャに壊されていきました。私も不採用、研修課長からの首切り宣言には「こんな不当が許されてよいものか、絶対自分の正しさを証明するまで闘い続ける」と決意しました。

八七年四月、華々しくＪＲはスタート、その陰で清算事業団が発足し不採用者が収容され、その大部分が国労所属労働者でした。清算事業団は「再就職を必要とするＪＲ不採用・旧国鉄職員」ということです。本人の意思を無視し、一方的に仕事を奪い、毎日自学自習といって読み書きの練習、再就職斡旋といって新聞や職安の求人広告をだされ、早く決めろと言われる。その三年間、社会的には「怠け者・働かない者」と思われ、家族や子供たちにも悲しい思いをさせることになってしまった。

しかし、こんな理不尽は社会的に通用するはずがありません。「国労採用差別事件」として全国的に地方労働委員会に提訴し、北海道においては、八九年一月二〇日「不当行為認定一〇七四名の採用と国労に対せる謝罪」の救済命令が出されましたが、ＪＲはそれを不服として中央委員会に申し立てしました。

そして三年目、清算事業団から「再就職を必要とする職員」という条項が執行され、二度にわたっての不当解雇が強行されました。国労は全国三六の闘争団を組織し「解雇撤回・ＪＲ復帰」を掲げて闘い続けています。

これまでさまざまな和解案や救済命令が出されましたが、四年目を迎えて全国の多くの労働者に支えられながら自活闘争の苦しさを克服して闘い続けています。

私達は地域においても、函館闘争と共に歩む会、国鉄闘争支援共闘労組会議と多くの皆さんの支援・協力によって函館闘争団は力強く闘い続けています。一九九三年一〇月には、長期闘争に備えて「労働者協同組合」道南ネットを設立しました。

■連絡船存続運動は、もうひとつの原点／衆議院議員　金田誠一

「北洋資料館を西部地区に」というアタリマエの市民運動から出発して、〈連絡船を守る会〉の壮大な運動へと発展する中で、労働組合というごく限られた範囲のことした知らなかった私は、市民というものの存在とその圧倒的な迫力を知りました。

市会議員になっていた私にとって、それはその後の活動を決定づけるものであり、私のも

うひとつの原点となる運動でした。

また、当時は市民運動が函館市民の前にははっきりと見えるかたちで登場し、従来の労働運動と混然となりながらも、それと交替しつつある時代でした。ところが、かつて主役であった労働運動が今日ほぼ完全に地域課題のステージから降りたにもかかわらず、それに代わる役者が登場できないのは何故でしょう。

その原因のいくつかを連絡船存続運動の中から探し出すことは、今だからこそ可能かもしれません。たとえば、運動が情熱的に流れ、経済的整合性と法的根拠を打ち出すことに欠けてはいなかったか。地域経済会全体とまでは行かないまでも、せめて相当数の経済人を動かすまでに至らず、行政や政治に対するインパクトを弱いものにしなかったか、等です。

思えば、あの運動に参加した者なら、誰もが市民の力は無限であると感じたことでしょう。そうであれば、市民運動が経済や法律のハードルを越えることもそう難しくはないはずです。

今、函館の街もそこに住む人々も誇りを失いかけ、行方を見失いつつあります。今春の市長選挙に象徴されるような、こんな時代であればこそ市民としての真価を問われるのではないでしょうか。

お互いだいぶ年齢もとり、少し疲れも出てはきましたが、もう一度、みんなで何かをやってみたくはありませんか……？

資料の中から、色あせたＮＨＫの緑色の原稿用紙が出てきた。その古びた原稿用紙には、青函連絡船存続運動での「なくてはならない貴重な人」である。函館市千歳町喫茶店「タイム」マスター、小林吉男さんの〈連絡船を守る会〉への言葉が綴られている。

■連絡船存続運動は、人生最大の勉強／喫茶店「タイム」 小林吉男

「青函連絡船存続市民協議会」略称（連絡船を守る会）この団体の発足について簡単に説明します。超党派的市民団体「新しい街づくりをめざす市民の会」（代表和泉雄三函館大学教授）の呼びかけで、昭和五六年一二月二日湯の川の臥牛荘に集まった各界の文化人、一般市民と協議の結果、青函連絡船の存続運動に取り組むことを決意したのです。

私は〝歴風会〟の田尻さんから是非この会に出席して欲しいと頼まれ、何を始めるのか、又どんな会なのか分からず出席しました。この会の母体は「市民の北洋資料館を実現する会」で、資料館を西部地区に建設することを求める市内の署名活動で、四万人近くも集めた実績をもっていたので、一般市民、労働団体、経済界、市議、商店街組織の方々の協力で、大きな輪を広げようとしたのです。

翌、昭和五七年一月一一日の準備会を経て、一月三〇日湯の川臥牛荘で約六〇名の賛同を受けて結成大会が開かれ、同時に機関紙〝らしん〟（準備号）五〇〇部を市民、各団体等に配布してもらう様参加者にお願いました。

次に役員組織の代表委員として、和泉雄三（函大教授）真崎宗次（護国神社宮司）大河内憲司（医師）の三名、事務局長、坂本幸四郎（元青函連絡船通信長）の諸氏が選ばれました。運動の

拠点である事務局の設置場所の討議が始まりました。

実は北海道新聞の特集で「青函連絡船」の廃止問題について、昭和五六年三月三日から「第一部・二部・三部」まで三五回にわたり地域の経済影響、交通体系の変革等詳細に掲載されていたので多少認識していました。

たまたまＮＨＫ函館放送局、日放労支部の会議に外部委員として出席した時に同席していた道新の記者が「連絡船問題を三五回も掲載したが、市民からの反応もなかった。この街は死んだのか」と発言され、私は函館生まれ函館育ちの一市民として心穏やかではなかったことを思い出し「事務局の設置をタイムでよければ引き受けます」と発言しました。以上が発足当時の様子です。

約六年間、私の人生で最大の生きた勉強をさせて頂き、ありがとうございました。

■歴史でみる青函連絡船／元青函連絡船通信長　坂本幸四郎

青函連絡船とは、函館・青森の連絡船ということで、定期連絡船の開設は明治六年でした。北海道開拓史が蒸気船「弘明丸」で始めたものです。その後、いろいろ曲折があったのですが、明治一八年に日本郵船㈱が、青森間一日一往復を始めたことが安定した青函航路の運航といえるでしょう。

国鉄の青函航路開設は、明治四一年です。青函航路が終ったとき、八〇年の歴史を閉じたとさかんにいわれていましたが、それは国鉄時代であって、それ以前の三五年間は民営でした。

また、国鉄の廃止のあとも、民間フェリーで、青函連絡船がしているのですから、おそらく、国鉄の八〇年史を越えて、青函連絡船は就航するのではないでしょうか。

交通事故は嫌なことです。その中で、自動車事故は日常になっています。その次は航空事故でしょう。その次は船舶事故でしょう。船舶事故はめったに起きないということで、一番安全な乗物である気がします。そんな中で、昭和二九年「洞爺丸遭難事故」が起きました。世界第二の海難事故と言われ、一四〇〇名の死者をだしました。

私もこの夜台風に遭い、洞爺丸転覆の第一電を局長に打電する運命の日を持ちました。実は、その先に日本郵船の航路時代、客船の遭難があったのです。

明治三六年、日本郵船「東海丸」（一一二一トン）が、一〇月二八日に津軽海峡でロシア貨物船「ログレス号」と衝突し、乗客四七名死亡。船長久保田佐吉さんが殉職しました。久保田船長はボート乗船を断り、最後まで救命吹鳴をし沈没船と共にしました。いま七〇歳になって、船乗りの職は恐ろしい思いです。

■追い込まれた仲間の自殺に、激しい憤りを感じて／元国労青函地本　田村権一

一九八八年四月、北海道に採用されず東京に移転して、はや六年が経過しました。国家的不当労働行為である分割民営化の嵐のなか。連絡船廃止に伴い人間の生きざまを目の当たりに見てきました。その生きざまは、人それぞれのその後の人生に大きな意義をもち続けていると思います。

連絡船の廃止によって、海の技術集団はバラバラにされ、各地にちらばりました。その中には、いくつもの悲劇もありました。時に一九九一年五月二一日に連絡船の仲間が札幌で自殺したことを知らされ、愕然とした落ち込みと、激しい憤りを感じざるを得ませんでした。このような悲劇は分割民営の最中。全国で多くの犠牲がうまれました。

分割民営後七年が経ち、JRになって非常に良かったという論調が世間に流布されています。しかし、果たしてそうでしょうか。私達はJR以降、それを検証し続けています。今でも解雇された闘争団一〇四七名が路頭に迷わされ、必死になってその不当性を過既決すべく闘っています。国鉄時代の赤字は減るどころか、二六兆円に膨れ上がています。三島(北海道・四国・九州)会社の経営悪化が軽視されています。職場では利潤第一・長時間労働が増え、差別が横行し、暗い雰囲気がただよっています。JRは目に見える上辺だけの過大宣伝して、内実を覆い隠し株式上場をなしとげ、一流企業の取りつくろいに躍起になっています。

それは取りも直さず、国家的プロジェクト分割民営化が成功であったことを世間に印象づけようと血眼になっています。連絡船の廃止も、この分割民営の一貫でした。分割民営は公共性より利潤追求を優先します。

北海道の鉄道(ローカル線)は、この論理でズタズタにされました。この九月の台風による津軽海峡線の一週間におよぶ不通は、本州と北海道を寸断しました。連絡船が運航していれば、このような事はなかったでしょう。

国鉄の分割民営化、青函連絡船の廃止は大きな問題を残して、何らそれらを解決する事なく、問題を増殖させながら今日に到っています。

国家的不当労働行為である分割民営化＝ＪＲの検証を内側から、今後も続けていくことが私の責務だと思っています。

私の今の心境ですが、希望もしない東京駅の直営店（クッキー）に配属になり、国労運動にかかわりながら何かを求め過ごしています。

北海道から広域配転で来た人は、皆同じだと思います。今、分割民営の総括を二年来学習グループで行っています。もちろん過去の国労運動の問題点を出しながら、何故二〇万人の組織が三万人になってしまったのか、その弱さを総括し克服することから新たな、より強固な運動が創り出せると思っています。

右翼化している社会情勢のなか、その歯止めになる何かを創り出さないことには、分割民営で見られるごとく、全てがドドッと押し進められる気配になっています。非常にお忙しいなかで大変だと思いますが、前に向かって指し示す「運動の歴史」を作って頂きたいと思います。真に恐縮ですが、よろしくお願いいたします。

■連絡船でのたくさんの思い出が、私の宝物／会社員 南谷香里

夏の夜、自宅二階の窓を開け「ボーッ」と連絡船の汽笛が聞こえる。

その連絡船が津軽海峡を走らなくなるなんて、その頃は考えもつかなかった。

あるキッカケから連絡船が廃止されることを知り、同時に連絡船を守ろうという思いで

存続運動に参加させていただいた学生時代。「連絡船は函館のシンボル」という思いで「連絡船フェスティバル」に参加、朝早くから函館山に登ったのに、横断幕と船長の帽子だけしか放映されなかったテレビ。「おおい北海道」や学生グループで作った「ＳＯＳ」の会など、今にして思えば楽しい思い出です。

「連絡船フェスティバル」での一番の思い出は、初めての参加した子供たちとのイベントです。それに挙式から披露宴まで、みんなの手づくりでの「洋上結婚式」でした。当日はものすごい波で、立っていられないほどでした。ふたつとも夜遅くまでどのようにしたら良いのかと考え、自分たちの色々な意見を出しあいました。

自分ではお手伝いをしていたつもりが、実はフェスティバルや存続運動を通して楽しんでいたのかも知れません。最後の航海の日はどうしても乗船したくて、摩周丸と石狩丸に乗りました。デッキから海やイルカを見ながら、淋しい気持と「今までありがとう」という感謝の気持でいっぱいでした。やっぱり「モグラはイヤダ！」と、心が悲しくなりました。

今でも時々、シーポートプラザの摩周丸を見に行きますが、連絡船はやっぱり走っていてこそ連絡船だと思います。でも「守る会」で色々と参加したイベントでの思い出を考えると「動かない摩周丸でも、あのフェスティバルのようことができないのか?」と考えるのは、私だけでしょうか。

最後にひとこと「色々な思い出を、ありがとうございました」私の一番の宝物です。

3 国鉄労働組合の終焉

一九八一年（昭和五六年）、鈴木善幸内閣・自民党政権は国鉄改革の名のもとに「国鉄再建小委員会」（三塚博会長）を発足させ「五年以内に分割民営化すべき」と発表した。これに対し国労は反対、他の動労・鉄労・全施労は要求に応じた。

その後、中曽根康弘内閣は一九八六年の衆参同日選挙での自民党圧勝を背景に「分割民営化」に異常な執念で、反対する国労に対し的を絞っての攻撃をしかけた。国鉄当局は「人材活用センター」という名称で国労組合員を「余剰人員」というレッテルを貼り、非人間的な環境に追いやった。

「分割民営化」も、いったん国鉄を潰し新会社として職員を応募し採用するという、表面的には合法的であるかのような形式をとり、採用されなかった職員を自動的に「国鉄清算事業団」へ送り込んだ。

「国鉄清算事業団」へ送りこまれた職員のほとんどは、反対を主張した「国労」の組合員であり、明らかに狙い通りの結果を勝ち得た中曽根康弘は後に「国労の破壊が当初からの目的であった」と語ったとのことである。

一九九〇年「清算事業団」解雇者から、全国三六の国労闘争団が結成された。二〇〇五年東京地裁はＪＲ採用で国労組合員差別があったことを認め、慰謝料支払いを命じ和解を求めたが解決にはならなかった。長期化の背景には国労闘争団と国労本部執行部との対立も伝えられている。

その後、何度か東京地裁の判決が出たが和解にはいたらなかった。二〇〇九年の総選挙で民主党が政権をとり「国鉄改革一〇四七名問題の政治解決」と題しての和解案が出、原告団九一〇(死去五〇名を含む)全員が署名したが、六名は拒否した。要求にあった雇用にJRは応じなかった。

右翼系マスコミは「国労のゴネ得」と批判して記事を出したが、他の新聞は「人道的に考えても当然の判断」であると評している。二〇一一年(平成二三年)、国労と旧全道労や支援組織が解散し、事実上「国鉄闘争」は終焉を迎えた。二四年間の闘いは何を意味するのか「歴史的な検証に委ねる」ことになるだろう。

4　三人との出会いに感謝をこめて

■連絡船存続運動における、桶本建郎の存在

桶本建郎氏と僕の出会いは、一九八六年(昭和六一年)に開催された「走れ青函連絡船！ ふるさとの足を守ろう市民集会」の第一回実行委員会である。アルバムの写真には、司会の席に笠間氏と横内氏が座り、桶本氏は後ろの席で腕組みをしている。

桶本氏は「桶本海事事務所」を開いて、仕事がら連絡船存続運動参加していると思っていたが、あえて運動とのかかわりを聞いたことはない。ただ、誰よりも連絡船だけではない「港湾都市函館」という経済や文化を含めた視点で取り組んでいた。

桶本氏の業績の一つは〈連絡船を守る会〉の機関誌『Ｔｈｅらしん』の編集を四号から最後まで発行を継続したことだ。その資料が残されていて僕もこのような文章をまとめることができた。桶本氏の連絡船存続の思いは『Ｔｈｅらしん』のなかでも語られてきたが、改めてその後函館市市議会議員にもなった氏の文章を紹介したい。愛すべき函館について『日刊政経情報』(特集号)の「海・港・はこだて」というタイトルのコラムで一九九五年―一九九八年に発表されたもの。タイトルは次の通りである。「七年夏・函館港の未来」「八年正月・図書館の整備充実を急げ」「八年夏・不安だらけの大間原発」「九年正月・羊蹄丸と摩周丸」「九年夏・港と海」「一〇年正月・港湾文化都市論」「一〇年夏・函館港と海洋レクリエーション」。その中から特に連絡船に関するところを拾ってみる。

■「海・港・はこだて」（桶本建郎）に描かれた連絡船問題

第一の函館港の未来では「ポートルネッサンスに大いに期待」とあり、函館港第八次五カ年計画により「二一世紀の綜合交流港湾」に対する展望への期待が書かれている。一つは「函館ドック跡地をマリーンレジャー施設に」「若松町地区に旅客船埠頭を」「港町地区にコンテナ埠頭を」とある。また、小型船向けのマリーナとそれらに伴う周辺の整備への必要性も提案している。港湾協会企画賞に輝く「摩周丸」係留保存が都市景観上函館には欠かせないのが、内部利用度の低さに対し、市民の熱いエネルギーを注入する市民参加をも提案している。

と同時に、そうしたことが国内だけの問題ではなく、中国・韓国・ロシアなど、特に環日本海港湾関係へのポートセールスの拡大と港湾利用のアピールの必要性をも訴えている。この「函館港湾都市・ルネッサンス」には、経済復興と人間性と文化の復興の意味も込められている。

第二の「図書館整備充実を急げ」。これは桶本氏が長い間取り組んできた函館新図書館問題にかかわることだ。彼が「港湾都市」といわず「港湾文化都市」と呼ぶことの基本に図書館運動がある。

「不安だらけの大間原発」。これも函館市民にとって「連絡船存続運動」以上の問題と考えている人が多い。特に、原発が建設されている青森の大間町と函館市の位置・距離関係や原発の種類や内容、津軽海峡の活断層等を考えると当然である。

次の「羊蹄丸と摩周丸」には「人類を語る時、欠かせない『船』という文章がある。函館に係留保存されている「摩周丸」は何を表現し、何を語っているのか？　また一度失った「連絡船を残して欲しい」という市民的共感を呼び戻すのは難しく、展示内容についても、他の係留保存船と比べ「未来を語るものはない」し「市民の憩いの場として解放し利用を高めるべきである」と提案をしている。

当時の係留保存運動にかかわっていた人たちの多くは、展示施設ではなく名実共に連絡船が函館のシンボルとして市民が気軽に集える広場を望んでいた。しかし、シーポートプラザの建設や理解できないイカモニュメント対する不信感は消えない。

桶本氏は「使える金がある時に、市民に目や耳を向けていたなら」と記しているが、それは「青函連絡船フェスティバル」の大成功を達成してきた裏付けのある厳しい発言である。もっとストレートないい方をすれば「バカな奴は何をやってもバカだ！」ということであろう。「船・港・街」への情熱や愛情のない者に託した反省が横切ってしまう。改めて「摩周丸」が函館市民の血の通ったものとして存在するためにも、その利用に市民の声が届く体制の確立が要求されている。

第五番目の、港と海では「函館の景気は浜から来る」と書かれている。港町では「陸の景気は港の賑わいの鏡」とあり、かつての函館の繁栄が西部地区から始まったことを考えても、この言葉の意味は大きい。それでは、海からのお客様をこの街は大切にお迎えしているだろうか？　という問題に桶本氏は、港のホスピタリティーという言葉を使いながら旅行客や船員の買い物や病院などに対しても心配りが必要だと記している。

函館はどうであろうか、港から街への外国語の案内版など、日常入国する外国人に好かれる港町になっているだろうか。また、港や船にをテーマにした歴史記念館や資料館・博物館はどうであろうか。小型木造船、船舶用品、船舶機械等の収集保存の必要性もあるはずだ。

「函館の景気は浜から来る」といっても「春になればニシンが突然やって来た」時代とは違い、行政・民間・市民が共同作業で取り組まなかればならない。

第六番目の、港湾文化都市「函館が目指す街づくり」では、ニューヨーク市の北東にあるボストン市を紹介している。ウォーターフロント、水族館、歴史を伝える係留船、シーフード、図書館、大学、美術館、音楽ホール、整備された電車など、まるで函館市民が理想とする将来の街のイメージである。

ボストン市の重要施設に係留された木造軍艦コンスティチューション号、ボストン茶会事件船の復元船である。市内にはボストン美術館、小沢征爾のボストン交響楽団のシンフォニーホールなどがある。近くに、ケンブリッジ市にはハーバード大学やマサチューセッツ工科大学があり、数多くの学校・学生が多い。

ボストン市も港湾の衰退を経験し、物流産業・観光産業から文化・教育に力を入れ港湾文化都市を確立してきた。函館の都市計画の基本として提唱したい。

最後の、函館港と海洋レクリエーションの記事では、ヨット、モーターボート、クルーザー、マリーナ、ホテル、プール、テニスコートという言葉が踊る。それに伴う安全施設や管理組織や漁業者との関係も課題となる。

しかし、ウォーターフロントの整備もマリーン施設の拡大も市民をおきざりにした港湾づくりは時代遅れである。函館で海洋レクリエーションを楽しんでいただくためにも、ヨットやボートを使った青少年教育により、大きく「海の文化」を港と街づくり、そして人づくりを港湾行政の基本におかなければならないと考えている。

これらは、桶本氏の愛する街函館におけるベースになる考えであると思う。さらに〈連絡船を守る会〉では一番の青森通で、さまざまな人物や情報をいち早く伝えて、大きな役割を果たしていた。イベントの交渉や段取りから、大道具・小道具に至るまで準備をしていた。

〈連絡船を買おう市民の会〉では最後まで「動いてこそ連絡船」を叫び続けていた。桶本氏と青函連絡船を結ぶ絆は、聞くところによると父親との関係にあるという。ひょっとすると桶本氏は今でも「船を動かせないだろうか」と考えているのではないだろうか。桶本氏はその後、市議会議員としても港湾文化都市という理想を追い求めた。

■連絡船存続運動における、笠間昭三の存在

笠間昭三氏と初めて会ったのも「走れ青函連絡船！ ふるさとの足を守ろう市民集会」の第一回実行委員会が開催された函館市中島町の教育会館だった。いちばんはじめに記したようにロシア人のような姿が強く印象に残っている。実行委員会の当日は議事進行をしていた。

その後行なわれた本番の一一月一六日のシンポジウムのことはすでに書いているが、その写真に僕自身が写っていたのを見て驚いてしまった。当日の司会進行も笠間氏が主に行なっていた。つねに落ち着いていてどのような場にもなくてはならない人である。

桶本・笠間・横内氏の三人はそれぞれ強い個性を持った人たちだったが、市民運動に対する姿勢や基本的な考え方、組織的な行動理論については、いずれも優れた能力を持った人たちだった。開発局勤務であった笠間氏が、どのような経緯で〈連絡船を守る会〉で活動することになったかを、

今日までの長い付き合いがあるにもかかわらず聞いたことがない。おそらくそんなことをあらためて話す時間より、目の前の課題を次々と解決すべく活動してきたということであろう。したがって、その素性や性格も日々の活動を通して信頼関係を構築していったものと勝手に考えている。

また、市民運動における政治的スタンスについても、組合活動と政党、政治組織での活動をバランスよく保っていたように思う。実はこれこそ難しいことであるのは、僕も何度となく経験している。特にこの時代の市民運動は、一般市民からは「左」と見られ、組合からは「軟弱」と言われ、住民運動などからは「都会のお坊ちゃん・お嬢ちゃん」と思われていたようである。

そんな中で僕のように「どこにも所属せず」と決めていた人間は別としても、さまざまな組織的しがらみがありながら、毅然とした主張を持ち続けていた人である。さらに笠間氏の人間関係の広さや信頼性にも感心してしまう。〈連絡船を守る会〉のさまざまな活動の中でも、その後の「日本フィル」の窓口としての働きぶりを見ても僕は大きな影響を受けている。

また、「絵画」が趣味の笠間氏とは、僕としても共通の話題を持てた点や、たまたま同じ歳の息子がいたりしたことも、二人の中では多くの接点を得ていくことになった。

僕の活動した期間は約三年であり、笠間氏の八年間は残された資料でしかわからないが、僕には〈連絡船を守る会〉の組織を桶本・笠間・横内の三氏がカメラの三脚のように支えていたと確信している。しかし、今思えばあれだけ問題を抱え、あれだけ時間に追われ、あれだけ顔を付け合わせていながら、あまり議論をした記憶がない。

それだけ「誰が何をしなければならないか」を知り尽くしていたのかも知れない。しかし、いよいよ青函連絡船が運航停止となった一九八八年(昭和六三年)三月一三日夜の「うたうべ・しゃべるべ連絡船」のイベントの開催で三者三様の意見があり、モメタことを記憶している。

それは、会場の「明治館」を借りられるのか？　果たして人は来るのか？　資金的な問題はどうか？　準備は間に合うのか？　などといった問題をめぐる議論であったと同時に、青函トンネル開通を祝う大報道と市民の関心との闘いでもあった。もちろん開催はできたが、確かに成功とはいえない結果であった。ただ、参加者の連絡船に対する熱い思いは会場いっぱいにあふれていた。

次の日、マスコミの取材もあり函館湾に動かない青函連絡船を見に行った。海と連絡船をバックに八人が並んでいる。連絡船で結婚式を挙げた中川夫妻、横内夫妻、桶本氏、笠間氏、ＨＴＢのアナウンサーと僕である。もう一枚は三人が並んでいるが笠間氏のヒゲはもうない。可笑しいのは四人ともスーツにネクタイをしていたことだ。

しかし、この「青函連絡船全廃」という事実、現実を突きつけられても、まだ我々の誰一人も「終わった」と思っていなかった。そんな時、笠間氏から一本の電話が入った。「四月一日に勉強会を開催する」という。「さよなら連絡船」から一八日目である。

当日、杉並町の文雅堂二階にはほんの数人で桶本氏が話し、続いて笠間氏が話した。既に本人にも記憶はないと思うが、その時笠間氏が「根本から運動を考えてみよう」と発言した。

僕はそれまで〈連絡船を守る会〉の作業員であり、憧れの三人の指示に従って行動していたが、その一言で自分の考える市民運動はその対象が国や道、市やＪＲではなく市民に向けるべきではないかと思った。

その後、〈連絡船を買おう市民の会〉が生まれる。それでなくとも函館市民の連絡船に対する関心の薄さは問題外で、僕のなかでは市民との闘いであった。特に笠間氏は「市民から直接カンパではなく募金を募ることは、市民運動が詐欺行為になってしまう危険性をはらんでいる」と指摘した。

僕は「勝敗は負けるでしょう、しかし、その負け方を市民に見せることこそ僕たちの市民運動である」と話した。結果的には笠間氏もわかってくれた。これまで多くの人に信頼されてきた笠間氏の決断は見事であった。その後、笠間氏は僕のことを「奥村茂樹ではなく奥村過激」と紹介していた。

「連絡船を買おう市民の会」がスタートして、街頭での募金活動が始まった。募金と同時に募金箱も作り「一人一トン」のシールも人気があった。募金額一〇〇〇円以上の方へはお礼のハガキを出した。そのうちの一人から「この活動はホンモノだ」という手紙とともにさらなる募金が届いた。笠間氏宛に届く手紙が増えてきて、僕は少しホッとしたが、募金額は目標のはるか下の下にあった。〈連絡船を買おう市民の会〉に対し、各地から思ってもみない募金が届き始めたが、函館市民からの募金は全くといっていいほど伸びない。

青森では、早々と連絡船「八甲田丸」の係留保存が決まり、巨額な金額のめどもたったという報道が流れた。僕はノウテンキに休日のすべてを駅前での街頭募金に集中していたが、笠間氏はその間、行政への働きかけと共に問題のない結末を考えていたと思う。

その結末は、市とJRによる係留保存となり、翌年募金額を寄付して終了した。この時僕は、あらためて笠間氏が「市民運動が詐欺師になる」との言葉を思い出した。笠間氏が発した僕へのメッセージは「より自分に厳しくあれ!」ということだと思っている。

その後、笠間氏には連絡船から離れても、さまざまな活動でお世話になった。

特に僕が主催者となった一九九四年（平成六年）六月四日の「飼われたマスコミに真実はない！」では講師に本多勝一氏・筑紫哲也氏を迎えての講演会。一〇月八日には、ゲストに編集者でジャーナリストの和多田進氏を迎えての「偽ジャーナリストの見分け方！」の講演会などでもお世話になった。講演タイトルがあまりに過激ではないかと講演者からも指摘されたものを、平然とバックアップしてくれた。

「連絡船存続運動」を通して「微力な一市民が負ける戦でも私利私欲無く闘う！　武器は情熱！」を、僕は笠間氏に学んだ。

■連絡船存続運動における、横内輝美の存在

僕が横内輝美氏と初めて出会ったのは、一九七五年―一九七七年頃だったと思う。その時もコンサートに使用するポスターやチケットのデザインを頼まれ、自宅のアパートにお邪魔したのを覚えている。当時既にフォークグループ「ムックリ」を結成していて、記憶が間違いでなければ、コンサートは函館市民会館小ホールが会場だったと思う。

僕が二四、五歳で横内氏は二八、九歳ということになるだろう。僕は当時、函館市千代台町にある「函館市青年センター」に〈函館青年サークル連絡協議会〉を友人の高井雅夫会長と共に立ち上げ、事務局長として、毎日忙しい日々を送っていた頃であった。

横内氏を代表とする「ムックリ」が〈連絡船を守る会〉で大活躍したことはこれまで書いてきた通

りであるが、まだオリジナル曲を持たないグループであった。

横内氏の連絡船存続運動での活躍は、やはり「連絡船フェスティバル」であり国鉄支援集会だ。仕事は函館市役所職員と聞いていた。僕はまだ親しくない頃から「しげき」と呼び捨てにしていたのが不愉快であった。僕は若い頃から会社でも呼び捨てにする上司には返事をしない主義だった。

横内氏とはその後さまざまなイベントで組んだが、きめ細かなことに気がつき、主役もやれば裏方もこなす万能人間である。少々能書きが多いのは、それだけ調べていて理にかなった行動をと思ってのことだ。

《この子らにはこだてを》や《心なごむ連絡船》がレコード化したことは、函館の街にとって大きな功績であり無条件で尊敬している。横内氏の膨大な活躍は、連れ合いのふさ子さんの力によるということに異論を挟むも者はいないだろうが、〈連絡船を守る会〉だけではなく、「函館野外劇」での活動でもなくてはならない二人であった。

連絡船運に動の最後の夏、〈買おう市民の会〉としての駅前街頭募金で、横内氏はトレードマークのヒゲとバンタナで名曲《心なごむ連絡船》を声張り上げて歌っていた。横内ワールドは、寂しい歌も明るく唄ってしまう不思議な世界なのだ。

横内輝美氏こそ「ミスター連絡船」である。昨今、ベテランアスリートなどが「レジェンド」と呼ばれる〝レジェンドブーム〟であるが、現代函館人物館に「永久保存」したい人物だ。

「連絡船存続と係留保存」運動を通して出会った、桶本・笠間・横内氏の三人は、僕にとって市民運動での兄と慕う人たちだ。そうした環境が末っ子の僕を育ててくれたように、僕には実生活でも三人の兄がいる。我が家は、若くして半身不随に倒れた母を残して父は四九歳で他界した。姉を含めきょうだい全員で学生だけで生活した。それがどのようなものであったかを語っても理解されることはない。そんな環境で育った僕は、この連絡船で出会った三人とふさ子さんは、まるで家族のような存在だった。活動がどんなに忙しく苦しいものであっても、明るく笑いの絶えなかった子供の頃の生活と同じように、毎日が楽しい日々だった。「貧しいけど貧困ではなく、苦しいけれど辛くない」――そんな微妙なところで「ホンモノ」に出会えるような気がしていた。

僕にとって、連絡船存続運動にはもう一つの願いがあった。実は、初めて参加した会議の席にかつて結婚を考えた女性が座っていた。まる一〇年ぶりの再会が信じられなかったが、彼女は国鉄職員と結婚し「分割民営化」の渦のなかで家族会の一人として出席していた。僕は「幸せになって欲しい」と願っていた人が苦しんでいる姿に、怒りとともに僕自身の弱さを実感した。

彼女は知り合った当時小坂あき子の《あなた》という歌が好きで「もしも、私が家を建てたなら」という歌詞が突然浮かんできた。会議が終わって廊下で簡単なあいさつをした。

それから三年。今度は街頭募金の最中に偶然出会った。彼女も多くの人を苦しめた「国鉄分割民営化」で故郷を離れて家族と東京に住んでいる。当時、函館を離れて東京で生活するはずだった僕は、いま函館に住み青函連絡船の保存運動に声を張り上げている。

「連絡船は人の人生を運ぶ」と言った牧良介さんの言葉を思い出した。

「お幸せに、ただただお幸せにと願うばかりです」

おわりに

歴史はどの時代もその時々の為政者による歴史である。時代の真っただ中に生きた庶民が記録されることはめったにない。まして「主人公」が名もない一般市民であった場合、その記録や実績を残すことは難しい。

僕は「あの日」のことを、今でも鮮明に思い出す。それは函館港に、青函連絡船がまるで死体のように横たわっていた風景だ。その日の青函連絡船は僕の両眼の奥に焼きつけられている。

いま、「青函連絡船存続・係留保存運動の記録」と、僕なりの記憶を書き終えた。

これまで、どれほど多くの人たちがこの運動に関わってきたのだろう。

その中でも、特に次の三人を紹介する。

一人目は、喫茶店「タイム」のマスター小林吉男氏だ。スタート当初から事務局の場所を提供してくれた。そして「タイム」は存続運動の拠点となった。実に大きい業績だ。僕は小林氏には後半でしかお会いできなかったが、飄々としたその人柄の良さは十分に伝わってきた。連絡船に対するその情熱からは学ぶところが実に多かった。

次に、文雅堂の佐渡谷安津雄氏。シャレたセンスを持ち、いつも前向きで新しい提案をしてくれる人だ。芸術に造詣が深く、アイデアが豊富で、若者を支援する心豊かな人だ。〈買おう市民の会〉の土台になった勉強会も、文雅堂の二階から始まった。ナショナルトラスト運動を語り、五稜郭の函館野外劇でも多くの功績がある。

もう一人は、小児科医の大河内憲司氏だ。思い出はいっぱいあるが〈買おう市民の会〉の立ち上げに積極的に取り組んでいた。僕が毎日のように街頭で声を張り上げていたある日、ご夫婦で顔を出してくれた。そして、すぐにマイクを持って自ら街頭で熱い呼びかけをしてくれた。その後大河内氏はオンブズマン活動をしていくが、函館人のことなかれ主義をバッサリと正面から否定していた。理想よりも現実的に取り組むべき市民運動を実践している人だ。

さて、僕は書くことが苦手な人間だった。しかし、「奥村くん、君は文章を書くべきだ」と応援してくれた人たちがいる。ここで僕を励ましてくれた三人を紹介する。

その一人は、石川慎三氏である。すでに九〇歳を過ぎている画家だ。「ソビエト抑留経験者」であり、唯一若くして死んだ僕の父を知っている人である。かつて石川さんに「昭和の遺言」というテーマで戦争の体験をインタビューしたことがある。その中で皇軍（日本軍）がどのような組織であったかを語ってくれた。あまりの壮絶な体験で文章としては記載しなかった。石川さんの話で僕は自分の歴史観に間違いはないと確信した。

その石川慎三氏が、僕に残してくれた言葉は「死ぬ前にお父さんの足下までは辿り着け」というものである。僕はいま、何としても父の足下までは辿り着きたいと思っている。

もう一人は、藤田俊二氏だ。藤田氏は一九七九年に『もうひとつの少年期』という著書で「家庭学校」での指導者体験を出版している。ある雑誌を通じてお会いしたが、会うたびに「奥村君の文章を読みたい」と温かいエールを送ってくれた。家庭学校を退職されたあと、僕は「落ち着いて書き始めました」と報告に行くことになっていた矢先に、訃報を知ることになってしまった。「もっと早く、もっと真摯に」と思うと涙が出てくる。大切な人が一人でもいるうちにと、同時に自分が元気なうちにと思っている。藤田先生にお褒めの言葉をいただけるとは思わないが、せめて「頑張ったね」と言っていただきたかったと思う。

最後に書いておきたい人は、仕事でお世話になって以来、生意気な僕をいつも温かく見守ってくれる小島正氏だ。経営者としてだけではなく、幅広い分野で活躍されている方だが、なかなか表には姿を出さない。決して影の軍団ではないが、目立たず、驕らずというホンモノの実力者だ。僕の勝手で我儘も、ちょうどいい距離でアドバイスしてくれる。僕にとっては正に「先を歩く人」であり、確実にこの街になくてはならない人である。小島氏の一番の魅力は「べたつかない関係」だ。明らかに実力の違いがあっても「同等の関係」で接してくれる。「奥ちゃんは面白い」というときの小島氏の笑顔が大好きだ。

青函連絡船存続運動で僕は、多くの経験と出会いを得た。偶然の最後は寿郎社の土肥寿郎社長との出会いであるが、僕の人生に奇跡はまだ残っているのだろうか。

二〇一五年一一月　奥村茂樹

奥村茂樹（おくむら・しげき）

1950年（昭和25年）函館市生まれ。
中学校卒業後上京。横浜・東京で
様々な職業を経験。
78年化粧品会社に就職し転勤生活。
93年より函館でタクシー運転手。
2013年退職し現在無職。
ときどき一市民ジャーナリストの眼で
社会問題を検証する。
北海道七飯町在住。

青函連絡船《せいかんれんらくせん》をめぐる僕《ぼく》たちのたたかい

発　行　2015年（平成27年）12月8日 初版第一刷
　　　　2016年（平成28年）1月10日 初版第二刷
著　者　奥村茂樹
発行者　土肥寿郎
発行所　有限会社寿郎社
〒060-0807 札幌市北区北7条西2丁目37 山京ビル
電話 011-708-8565　FAX011-708-8566
e-mail doi@jurousha.com
URL http://www.jurousha.com/
郵便振替　02730-3-10602
印刷・製本　藤田印刷株式会社
落丁・乱丁はお取り替えいたします　ISBN978-4-902269-84-0　C0036